与心灵对话

梁晓声 著

贵州出版集团
贵州人民出版社

图书在版编目（CIP）数据

与心灵对话 / 梁晓声著. -- 贵阳：贵州人民出版社，2022.8
ISBN 978-7-221-17032-3

Ⅰ. ①与… Ⅱ. ①梁… Ⅲ. ①散文集－中国－当代 Ⅳ. ①I267

中国版本图书馆CIP数据核字（2022）第001841号

与心灵对话

YU XINLING DUIHUA

梁晓声 / 著

出版人 王 旭
责任编辑 黄彦颖
装帧设计 王 鑫
出版发行 贵州出版集团 贵州人民出版社
地 址 贵阳市观山湖区会展东路SOHO办公区A座
邮 编 550081
印 刷 三河市宏达印刷有限公司
开 本 620mm×889mm 1/16
印 张 15
字 数 189千字
版次印次 2022年8月第1版 2022年8月第1次印刷
书 号 ISBN 978-7-221-17032-3

定 价 49.00元

目录

第三章 由万物而其他

第一章

心扉何处问

心灵的花园

谁不希望拥有一个小小的花园？哪怕是一丈之地呢！若有，当代人定会以木栅围起。那木栅，我想也定会以个人的条件和意愿，摆弄得尽可能美观。然后在春季撒下花种，或者移栽花秧。于是，企盼着自己喜爱的花儿，日日生长、吐蕾，在夏季里姹紫嫣红地开成一片。虽在秋季里凋零却并不忧伤，仔细收下了花籽儿，待来年再种，相信花儿能开得更美……

真的，谁不曾怀有过这样的梦想呢？

都市寸土千金，地价炒得越来越高。拥有一个小小花园的希望，对寻常之辈不啻是一种奢望、一种梦想。只有少部分人，才有可能把希望变成现实，于是令寻常之人羡眼乜斜。

我想，其实谁都有一个小小花园，谁都是有苗圃之地的，这便是我们的内心世界。人的智力需要开发，人的内心世界也是需要开发的。人和动物的区别，除了众所周知的诸多方面，恐怕还在于人有内心世界。心不过是人的一个重要器官，而内心世界是一种景观，它是由外部世界不断地作用于内心渐渐形成的。每个人都无比关注自己及至亲至爱之人心脏的健损，以至于稍有微疾便惶惶不可终日。但并非每个人都关注自己及至亲至爱之人的内心世界的阴晴，己所无视，遑论他人？

我常“侍弄”我的心灵苗圃。身已不健，心倘尤秽，又岂能活得好些？职业的缘故，使我惯对自己和他人的心灵予以研究。结论是——心灵，亦即我所言内心世界，是与人的身体健康同样重要的。故保健专家和学者们开口必言的一句话，不仅仅是“身体健康”，而且是“身心健康”。

我爱我的儿子梁爽。他正处于小学这个内心世界开始形成的年纪。我也常教他学会如何“侍弄”他那小小的心灵苗圃。“侍弄”这个词，用在此处是很勉强的，不那么贴切，姑且借用之吧！意思无非是——人自己的内心世界如果自己惰于拂拭，是会浮尘厚积、杂草丛生的。也许有人联系到禅家的一桩“公案”——“时时勤拂拭，莫使惹尘埃”之说的“俗”和“心中无一物，何处惹尘埃”之说的“彻悟”。

我系俗人，仅能以俗人的观念和方式教子。至于禅家乃至禅祖们的某些玄言，我一向是抱大不恭的轻慢态度的。认为除了诡辩技巧的机智，没什么真的“深奥”。现代人中，我不曾结识过一个内心完全“虚空”的。满口“虚空”，实际上内心物欲充盈、名利不忘的，倒是大有人在。何况我又不想让我的儿子将来出家，做什么云游高僧。故我对儿子首先的教诲是——人的内心世界，或言人的心灵，大概是最容易招惹尘埃、沾染污垢的，“时时勤拂拭”也无济于事。心灵的清洁卫生只能是相对的，好比人的居处的清洁卫生只能是相对的。而根本不拂拭，甚至不高兴别人指出尘埃和污垢，则是大不可取的态度，好比病人讳疾忌医。

一次儿子放学回到家里，进屋就说：“爸爸，今天同学的红领巾被老师收去了！”我问为什么。儿子回答：“犯错误了呗！把老师气坏了！”那同学是他好朋友，但却有些日子不到家里来玩儿了。我依稀记得他讲过，似乎老师要在他们两者之间选拔一名班干部。我又问:“你高兴？”他怔怔地瞪着我。我将他召至跟前，推心置腹地问:“跟爸爸说实话，你是不是因此而高兴？”他便诚实地回答:“有点儿。”我说:“你学过一个词，叫‘幸灾乐祸’，你能正确解释这个词吗？”他说:“别人遭到灾祸时自己心里高兴。”我说:“对。当然，红领巾被老师收去了，还算不得什么灾。但是，你心里已有了这种‘幸灾乐祸’的根苗，那么你哪一天听说他生病了、住院了，甚至生命有危险了，说不定你内心里也会暗暗地高兴。”儿子的目光告诉我，他不相信自己会那样。我又说:“为什么他的红领巾被老师收去了，你会高兴呢？让爸爸替你分析分析，你想一想对不对？——如果你们老师并不打算在你们两个之间选拔一名班干部，你倒未必幸灾乐祸。如果你心里清楚，老师最终选拔的肯定是你，你也未必幸灾乐祸。你之所以幸灾乐祸，是因为自己感到，他和你被选拔的可能性是相等的，甚至他被选拔的可能性更大些。于是你才因为他犯了错误，惹老师生气了而高兴。你觉得，这么一来，他被选拔的可能性缩小，你自己被选拔的可能性就增大了。你内心里这一种幸灾乐祸的想法，完全是由嫉妒产生的。你看，嫉妒心理多丑恶呀，它竟使人对朋友也幸灾乐祸！”

儿子低下了头。

我接着说:“如果他并没犯错误，而老师最终选拔他当了班干部，你现在幸灾乐祸，就可能变成一种内心里的愤恨了，那就叫嫉妒的愤恨。人心里一旦怀有这一种嫉妒的愤恨，就会进一步干出不计后果、危害别人、危害社会的事，最后就只有自食恶果。一切怀有嫉妒的愤恨的人，最终只有那样一个下场……”

接着我给他讲了两件事——有两个女孩儿，她们原本是好朋友，又都是从小学芭蕾的。一次，老师要从她们两人中间选一个主角。

其中一个，认为肯定是自己，应该是自己，可老师偏偏选了另一个。于是，她就在演出的头一天晚上，将她好朋友的舞裙，剪成了一片一片的。另外有两个女孩儿，是一对小杂技演员。一个是“尖子”，也就是被托举起来的。另一个是“底座”，也就是将对方托举起来的。她们的演出几乎场场获得热烈的掌声。可那个“底座”不知为什么，内心里埋下了嫉妒，总是莫名其妙地觉得，掌声是为“尖子”一个人鼓的。她觉得不公平。日复一日，那一种暗暗的嫉妒，就变成了嫉妒的愤恨。她总是盼望着她的“尖子”出点儿什么不幸才好。终于有一天，她故意失手，制造了一场不幸，使她的“尖子”在演出时当场摔成重伤……

最后我对儿子讲，如果那两个因嫉妒而干伤害别人之事的女孩儿，不是小孩儿是大人，那么她们的行为就是犯罪行为了……

儿子问:“大人也嫉妒吗？”

我说大人尤其嫉妒。一旦嫉妒起来尤其厉害，甚至会因嫉妒干杀人放火等种种坏事；也有因嫉妒太久，又没机会对被嫉妒的人下手而自杀的……

我说，凡那样的大人，皆因从小的时候开始，就让嫉妒这颗种子，在心灵里深深扎了根。他们的内心世界，不是花园，不是苗圃，而是荆棘密布的乱石岗……

儿子问:“爸爸你也嫉妒过吗？”

我说我当然也嫉妒过，直到现在还时常嫉妒比自己幸运、比自己优越、比自己强的人。我说人嫉妒人是没有办法的事，从伟大的人到普通的人，都有嫉妒之心。没产生过嫉妒心的人是根本没有的。

儿子问:“那怎么办呢？”

我说，第一，要明白嫉妒是丑恶的，是邪恶的。嫉妒和羡慕还不一样。羡慕一般不产生危害性，而嫉妒是对他人和社会具有危害性和危险性的。第二，要明白，不可能一切所谓好事，好的机会，都会理所当然地降临在你自己头上。当降临在别人头上时，你应对自己说，我的机会和幸运可能在下一次。而且，有些事情并不重要。比如对于一个小学生来说，当上当不上班干部，并不说明什么。好好学习，才是首要的……

儿子虽然只有十几岁，但我经常同他谈心灵，不是什么谈心，而是谈心灵问题。谈嫉妒、谈仇恨、谈自卑、谈虚荣、谈善良、谈友情、谈正直、谈宽容……

不要以为那都是些大人们的话题。十几岁的孩子能懂这些方面的道理了，该懂了。而且，从我儿子来看，我认为，他们也很希望懂。我认为，这一切和人的内心世界有关的现象，将来也必和一个人的幸福与否有关。我愿我的儿子将来幸福，所以我提前告诉他这些……

邻居们都很喜欢我的儿子，认为他是个“懂事”的好孩子。同学们跟他也都很友好，觉得和他在一起高兴，愉快。

我因此而高兴，而愉快。

我知道，一个心灵的小花园，“侍弄”得开始美好起来了……

解剖我的心灵

其实，依我想来，我们每一个人，都有若干机会，或曰若干时期，证明自己是一个心灵方面、人格方面的导师和教育家。区别在于，好的、不好的，甚而坏的、邪恶的。

我相信有人立刻就能领会我的意思，并赞同我的看法，会进一步指出，完全是这样——不过是在我们成为父亲或母亲之后。

这很对。但这并非是我的主要的意思。

我的人生经验和教训告诉我——也许这世界上根本没有谁能够对我们施以终生的影响，根本没有谁能够对我们负起长久的责任。连对我们最具责任感的父母都不能够。正如我们做了父母，对自己的儿女也不能够一样，倘说确曾存在过能够对我们的心灵品质和人格品质的形成施以终生影响负起长久责任的某先生和某女士，那么他或她绝不会是别人。肯定的，乃是我们自己。

我们在我们是儿童的时候就已经开始教育自己了。

我们在我们是少年的时候，就已经开始怀疑甚至强烈排斥大人们对我们的教育了。处在那么一种年龄的我们自己，已经开始习惯于说“不，我认为……”了。我们正是从开始第一次这么说、这么想那一天起，自觉不自觉地进入了导师和教育家的角色。于是我们收下了我们“教育生涯”的第一个学生——我们自己。于是我们“师道尊严”起来，朝“绝对服从”这一方面培养我们的本能。于是我们更加防范别人，有时几乎是一切人，包括我们所敬爱的人们对我们的影响。如同一位导师不能容忍另一位导师对自己最心爱的弟子耳提面命一样……

我们在这样的心理过程中成为青年。这时我们对自己的“高等教育”已经临近结业。我们已经太像我们按照我们自己确定的“教育大纲”和自己编写的“教材”所预期的那一个男人或女人了。当然，我指的是心灵和人格方面。

四十多岁的我，看我自己和我周围人们的童年、少年和青年时期，仿佛翻阅了一册册“品行记录”。其上所载全是我们自己对自己的评语和希望。我的小学同学、中学同学、兵团知青战友，无论今天在社会地位坐标上显示出是怎样的人，其在心灵和人格方面的基本倾向，几乎全都一如当年。如果改变恐怕只有到了老年，因为老年时期是人的二番童年的重新开始。在这一点上，“返老还童”有普遍的意义。老年人，也许只有老年人，在临近生命终点的阶段，积一生几十年之反省的力量，才可能彻底否定自己对自己教育的失误。而中年人往往不能。中年人之大多数，几乎都可悲地执迷于早期自我教育的“原则”中东突西撞，无可奈何。

童年的我曾是一个口吃得非常厉害的孩子，往往一句话说不出来，“啊啊呀呀”半天，憋红了脸还是说不出来。我常想我长大了可不能这样。父母为我犯愁却不知怎么办才好。我决定自己“拯救”我自己。这是一个漫长的“计划”，基本实现这一“计划”，我用了三十余年的时间。

少年时的我曾是一个爱撒谎的孩子，总企图靠谎话推掉我对某件错事的责任。

青年时期的我曾受过种种虚荣的不可抗拒的诱惑，而且嫉妒之心十分强烈。我常常竭力将虚荣心和嫉妒心成功地掩饰起来。每每的，也确实掩饰得很成功，但这成功却是拿虚伪换来的。

幸亏上帝在我的天性中赋予了一种细敏的羞耻感，靠了这一种羞耻感我才能够常常嫌恶自己。而我自己对自己的劣点的嫌恶，则从心灵的人格方面“拯救”了我自己。否则，我无法想象——一个少年时爱撒谎，青年时虚荣、嫉妒且虚伪的人，四十多岁的时候会成为一个怎样的男人?

所以，我对“自己教育自己”这句话深有领悟。它是我的人生信条之一。最主要的也是最重要的、首位的人生信条。

我想，“自己教育自己”，体现着人对自己的最大爱心，对自己的最高责任感。在这一点上，我们不能指望别人对我们比我们自己对自己更有义务。一个连这一种义务都丧失了的人，那么，便首先是一个连自己都不爱的人了。一个连自己都不爱的人，那么，他或她对异性的爱，其质量都肯定是低劣的。

我想，我们每个人生来都被赋予了一根具有威严性的“教鞭”。它是我们人类天性之中的羞耻感。它使我们区别于一切兽类和禽类。我们唯有靠了它才能够有效地对自己实施心灵和人格方面的教育。通常我们将它寄放在叫作“社会文明环境”的匣子里。它是有可能消退也有可能常新的一种奇异的东西。我们久不用它，它就消退了。我们常用它指斥自己的心灵，它便是常新的。每一次我们自己对自己的心灵的指斥，都会使我们的羞耻感变得更加细敏而不至于麻木，都会使它更具有权威性而不至于丧失。它的权威性是摈除我们心灵里假丑恶的最好的工具，如果我们长久地将它寄存在“社会文明环境”这个匣子里不用，那么它过不了多久便会烂掉。因为那“匣子”本身，永远不是纯洁的真空。

我对自己的心灵进行“自我教育”的时间，肯定地将比我用意志校正自己口吃的时间长得多，因为我现在还在这样。但其“成果”，则比我校正自己口吃的“成果”相差甚远。在四十五岁时我的内心里，仍有许多腌腌臜臜的东西及某些丑陋的“寄生虫”。我的人格的另一面，依然是偏狭的，嫉名妒利的，暗求虚荣的，乃至无可奈何地虚伪着的；还有在别人遭到挫败时的卑劣的幸灾乐祸和快感。

有人肯定会认为像我这样活着太累。其实我的体会恰恰相反。内心里多一份真善美，我对自己的满意便增加一层，这带给我的更是愉悦。内心里多一份假丑恶，我对自己的不满意、沮丧、嫌恶乃至厌恶也便增加一层。人连对自己都不满意的时候还能满意谁？满意什么？人连对自己都很厌恶的话又哪有什么美好的人生时光可言？

至今我仍是一个活在“好人山”之山脚下的人。仍是一个活在“坏人坑”之坑边上的人。在“山脚下”和“坑边上”两者之间，我手执人的羞耻感这一根“教鞭”，比以往任何时候都更加“师道尊严”地教诲我自己这一个“学生”。我深知我不是在“坑”内而是在“坑”边上，所幸全在于此。因为，从童年到少年到青年到现在，我受过的欺骗、遭到过的算计、陷害和突然袭击，多少次完全可能使我脚跟不稳身子一晃，索性栽入“坏人坑”里索性坏起来算。在兵团、在大学、在京都文坛，有几次陷害和袭击，对我的来势几乎是置于死地的。

可我至今仍活在“好人山”边儿上，有时细想想，这真不容易啊！

每个人的心灵都是一处院落。在未来的日子里，有许多人将会教给我们许多谋生的技艺和与人周旋的技巧。但为我们的心灵充当园丁的人，将很少很少。羞耻感这根人借以自己教诲自己的“教鞭”，正大批地消退着，或者腐烂着。

朋友，如果你是爱自己的，如果你和我一样，存在于“山”之脚下和“坑”之边上，那么，执起“教鞭”吧……

我心灵的诗韵

怀　疑

对于人，怀疑是最接近天性的。人有时用一辈子想去相信什么，但往往在几分钟甚至几秒钟内就形成了某种怀疑，并且像推倒多米诺骨牌一样去影响别人……

怀疑是一种心理喷嚏，一旦开始便难以中止，其过程对人具有某种快感。尤其当事情重大，怀疑和责任感什么的混杂在一起，它往往极迅速地嬗变为结论，一切推理都会朝一个主观的方向滑行……

在任何时候，任何情况之下，倘对出于高尚冲动而死的人，哪怕他们死得并不其所——表现出即使一点点儿轻佻，也是有人心的。是的，伤可以为之遗憾，但请别趁机轻佻……

那些挥霍无度的男人和那些终日沉湎于享乐的女人——当他们和她们凑在一起的时候，人生便显得癫狂又迷醉。但，仅此而已。我们知道，这样的人生其实并没太大的意思，更勿言什么意义了……

同样的策略，女性用以对付男性，永远比男人技高一筹，稳操胜券……

激　情

人的诉说愿望，尤其女人的，一旦寻找到机会，便如决堤之水，一泻千里，直到流干为止……

某些时候，众人被一种互相影响的心态所驱使而做的事，大抵很难停止在最初的愿望。好比许多厨子合做一道菜，结果做出来的肯定和他们原先商议想要做成的不是一道菜。在此种情况下，理性往往受到嘲笑和轻蔑，而激情和冲动，甚至盲动，往往成为最具凝聚力和感召力的精神号角。在此种情况之下人人似乎都有机会有可能像三军统帅一样一呼百应千应万应——而那正是人人平素企盼过的。因而这样的时候对于年轻的心是近乎神圣的。那种冲动和激情嚣荡起的漩涡，仿佛是异常辉煌的，魅力无穷的，谁被吸住了就会沉入蛮顽之底……

虔　诚

追悼便是活人对死的一种现实的体验，它使生和死似乎不再是两件根本不同的事，而不过是同一件事的两种说法了。这使虔诚的人更加心怀虔诚，使并不怎么虔诚的人暗暗感到罪过。这样虔诚乃是人类最为奇特的虔诚，肯定地高于人对人产生崇拜时那种虔诚。相比之下，前者即使超乎寻常也被视为正常，而后者即便寻常也会显得做作……

即使神话或童话以一种心潮澎湃的激越之情和一种高亢昂扬的自己首先坚信不疑的腔调讲述，也会使人觉得像一位多血质的国家元首的就职演说。故而，多血质的人可以做将军，但不适于出任国家元首。因为他们往往会把现实中的百姓带往神话或童话涅槃……

普遍的人们，无论男人抑或女人，年轻的抑或年老的，就潜意识而言，无不有一种渴望生活戏剧化的心理倾向。因为生活不是戏剧，人类才创造了戏剧以弥补生活持久情况之下的庸常。许多人的许多行为，可归结到企图摆脱庸常这一心理命题。大抵，越戏剧化越引人入胜……

虔诚于今天的年轻人，并非一种值得保持的可贵的东西。不错，即使他们之中说得上虔诚的男孩儿和女孩儿，那虔诚亦如同蝴蝶对花的虔诚。而蝴蝶的虔诚是从不属于某一朵花的。他们的虔诚——如果确有的话，是既广泛又复杂的。像蒲公英或芦棒，不管谁猛吹一口气，便似大雪纷纷。他们好比是积雨云——只要与另一团积雨云摩擦，就狂风大作，就闪电，就雷鸣，就云若泼墨，天地玄黄，大雨倾盆。但下过也就下过了。通常下的是阵雨。与积云不同的是——却并不消耗自己……

人们在散步的时候，尤其在散步的时候，即使对一句并不睿智，并不真值得一笑的话，也往往会慷慨地赠予投其所好的一笑。人们的表情拍卖，在散步的时候是又廉价又大方的……

权　威

一种权威，如果充分证明了那的确是一种权威的话，如果首先依持它的人一点儿不怀疑它的存在的话，那么看来，无论在何时何地，它就不但是真实存在的，而且是可以驾驭任何人任何一种局面的。在似乎最无权威可言的时候和情况下，普通的人，其本质上，都在盼望着有人重新管理他们的理性，并限制他们的冲动。人，原来天生是对绝对的自由忍耐不了多久的。我们恐惧自己行为的任性和放纵，和我们有时逆反和逃避权威的心理是一样的。我们逃避权威永远是一时的，如同幼儿园的儿童逃避阿姨是一时的。我们本质上离不开一切权威。这几乎是我们一切人的终生的习惯。无论我们自己愿意或不愿意承认，事实如此……

给表上一次弦，起码走二十四小时。给人一次“无政府主义”的机会，哪怕是他们自己选择的，起码二十四年内人们自己首先再不愿经历。于权威而言“无政府主义”更是大多数人所极容易厌倦的……

希　望

希望是某种要付出很高代价的东西。希望本身无疑是精神的享受，也许还是世界上最主要的精神享受。但是，像其他所有不适当地受着的快乐一样，希望过奢定会受到绝望之痛苦的惩罚。某种危险的希望，不是理性的，所期待产生的不合乎规律的事件，而不过是希望者的要求罢了。危险的希望改变了正常的过程，从根本上说，是只能破坏实现什么的普遍规则的……

行动总是比无动于衷更具影响力。任何一种行动本身便是一种影响，任何一种行动本身都能起到一种带动性。不过有时这种带动性是心理的，精神的，情绪的，潜意识的，内在的，不易被判断的。而另一些时候则是趋之若鹜的从众现象……

爱

爱是一种病。每一种病都有它的领域：疯狂发生于脑，腰痛来自椎骨；爱的痛苦则源于自由神经系统，由结膜纤维构成的神经网。情欲的根本奥秘，就隐藏在那看不见的网状组织里。这个神经系统发生故障或有缺陷就必然导致爱的痛苦，呈现的全是化学物质的冲击和波浪式的冲动。那里织着渴望和热情，自尊的嫉恨。直觉在那里主宰一切，完全信赖于肉体。因为它将人的生命的原始本能老老实实地表达出来，理性在那里不过是闯入的“第三者”……

男人结婚前对女人的好处很多——看电影为她们买票，乘车为她们占座，进屋为她们开门，在饭店吃饭为她们买单，写情书供她们解闷儿，表演“海誓山盟”的连续剧为她们提供观赏……

结婚以后，男人则使她们成为烹饪名家——“那一天在外边吃的一道菜色香味儿俱全，你也得学着做做！”还锻炼她们的生活能力——“怎么连电视机插头也不会修？怎么连保险丝也不会接？怎么连路也不记得？怎么连……”

最终女人什么都会了，成了男人的优秀女仆。男人还善于培养她们各种美德，控制她们花钱教导她们“节俭”，用“结了婚的女人还打扮什么”这句话教导她们保持“朴实”本色。用纠缠别的女人的方式来使她习惯于“容忍”，用“别臭美啦”这句话来使他们懂得怎样才算“谦虚”……但如果一个女人漂亮，则一切全都反了过来……

我时常觉得，一根联系自己和某种旧东西的韧性很强的脐带断了。我原是很习惯于从那旧东西吸收什么的，尽管它使我贫血，使我营养不良，而它如今什么也不能再输导给我了，它本身稀释了，淡化了，像冰溶为一汪水一样。脐带一断，婴儿落在接生婆血淋淋的双手中。我却感到，自己那根脐带不是被剪断的，它分明是被扭扯断的，是被拽断的，是打了个死结被磨断的。我感到自己仿佛是由万米高空坠下，没有地面，甚至也没有水面，只有一双血淋淋的接生婆的手……

而我已不是一个婴儿，是一个男人，一个长成了男人的当代婴儿，一个自由落体……我只有重新成长一次。我虽已长成一个男人，可还不善于吸收和消化生活提供给我的新“食物”。我的牙齿习惯于咬碎一切坚硬的带壳的东西，而生活提供给我的新“食物”，既不坚硬也不带壳。它是软的，粘的，还粘牙，容易消化却难以吸收……

我必须换一个胃么？我必须大换血么？我更常常觉得我并没有被一双手真正托住。或者更准确地说，我并没有踏在地上，而不过是站在一双手上……大人们，不是常常让婴儿那么被他们的双手托着的么？……

嬗　变

人间英雄主义的因子如果太多了，将阻碍人的正常呼吸……

骆驼有时会气冲牛斗，突然发狂。阿拉伯牧人看情况不对，就把上衣扔给骆驼，让它践踏，让它噬咬得粉碎，等它把气出完，它便跟主人和好如初，又温温顺顺的了……

聪明的独裁者们也懂得这一点的。

讲究是精神的要素，与物质财富并没有太直接的关系。满汉全席可以是一种讲究，青菜豆腐也是一种讲究。物质生活不讲究的社会，很少讲究精神生活，因为精神观念是整体的……

现在的人们变得过分复杂的一个佐记，便是通俗歌曲的歌词越来越简单明了……

破裂从正中观察，大抵是对称的射纹现象——东西、事件和人际关系，都是这样……

信赖是不能和利益一样放在天平上去称的。

友情一旦被精明所利用，便会像钻石变成了碎玻璃一样一文不值……

一次普通的热吻大约消耗九个卡路里，亲三百八十五次嘴足可减轻体重半公斤。由此可见，爱不但是精神的活动，而且是物质的运动……

友情和所谓“哥儿们义气”是有本质区别的。“哥们儿义气”连流氓身上也具有，是维系流氓无产者之间普遍关系的链条，而友情是从人心通向人心的虹桥……

理　解

生活中原本是有误会和误解存在的。谁没误解别人？谁没被人误解过？误会和误解，倘被离间与挑唆所谋，必然会造成细碎的过节和不泯的仇憎。品格优良的人，对误会和误解的存在，应以正常的原则对待，便不至于给小人们以可乘之机。误会和误解也便不会多么持久……

在生活中，成心制造的误会和误解并不比梅雨季节阴湿墙角生出的狗尿蘑少，因而我们有些人才变得处处格外谨小慎微，唯恐稍有疏忽。成了这一类“误会”和“误解”的牺牲品……

某一类人存在，某一类事注定发生；好比有蛹的存在，注定有蝇孵出……

尽管现实之人际正变得虚伪险诈，但并非已到了“他人皆地狱”的程度。只要我们稍微留意，便不难观察到，常言“他人皆地狱”者，其实大抵活得相当快意，一点儿也不像在地狱之中受煎熬——人们，千万要和他们保持距离啊！

宽忍而无原则，其实是另一种怯懦……

我们每个人都有遭到流氓袭击和欺辱的可能性。倘是我，绝不怯懦。我也有男人的拳头，还有人人都有的牙齿，可做自卫之“武器”。流氓可以杀死我，但我会咬下流氓的一只耳朵，或者抠出他的一只眼睛，甚至夺下凶器，于血泊之中，也捅流氓一刀！即或捅其不死，也要令其惨叫起来……

流氓不止在下流的地方存在，也不见得靴中藏刀——总之我们要使他们惧我们，而不要怕他们……

人 格

人，不但要有起码的保护自己生命的主动意识，也应有维护自己尊严的主动意识。一个连自己保护自己的冲动都丝毫没有的人，当他夸夸其谈对他人对社会的任何一方面的责任感时，是胡扯……

中国许多方面的问题，或曰许多方面的毛病，不在于做着的人们，而在于不做或什么也做不了或根本就什么也不想做的甚至连看着别人做都来气的人。做着的人，即使也有怨气怒气，大抵是一时的。他们规定给自己的使命不是宣泄，而是做。不做或什么也不做还了或根本就什么也不想做甚至连看着别人做都气不打一处来的人，才有太多的工夫宣泄。因为他们气不打一处来，所以他们总处在生气的状态下。所以他们总需要宣泄。宣泄一次后，很快就又憋足了另一般气。这股气那股气无尽的怨气怒气邪气，沆瀣一气，氤氲一体，抑而久之，泻而浩之，便成人文方面的灾难……

我常和人们争论——我以为做人之基本原则是，你根本不必去学怎样做人。所谓会做人的人，和一个本色的人，完全两码事。再会做人的人，归根到底，也不过就是“会做人”而已。一个“会”字，恰说明他或她是在“做”而不是“作”。

我绝不与“会做人”的人深交。这样的人使我不信任。因为他或她在接受我的信任或希望获得我的信任时，我怎知他或她那不是在“做”？想想吧，一个人，尤其一个男人，“会做人”地活着而不是作为一个人地活着，不使人反感么？倘我是一个女人，无论那样的男人多么风流倜傥，多么英俊潇洒，我也是爱不起来的。除非我和他一样，都是“做”人的行家。我简直无法想象一个女人和一个善于“做”人的男人睡觉那一种古怪感觉。那，做爱可真叫是“做”爱了……

我们在对文字过分谨慎地加以修饰的同时，在我们最初的思想和感情经过打扮的同时，“最初的”思想和情感也便死亡了。不，我要写的不是那样的一篇东西。绝对地不是，绝对地并不那样写。我要我的笔直接地从我的头脑和心灵之中扯出丝缕，它可断了再连起来。但我不允许我的笔像纺锤一样纺他。它从我头脑和心灵之中扯出的丝缕，当然应该是属于“最初的”那一种。毛糙而真实。爱憎之情，必是“最初的”。正如冬季里的一个晴日，房檐是冰溶化滴下的水滴，在它欲落未落的那一瞬间它才是它，之前和之后它都不是它，也就不是什么最初的……

珍　惜

每个人内心里其实都应有一个小宝盒——收藏着点值得珍惜的东西。我们所做之事，有时既不但为着别人，同时也为着我们自己。人需要给自己的记忆保留些值得将来回忆一下的事情。当我们老了的时候，我们的回忆足以向我们自己和我们的下一代证明，人生中还是不乏温馨和美好的。这一个小宝盒是轻易不可打开示人的。一旦打开来，内心的宝贵便顷刻风化……

女　人

事实上，一个男人永远也无法了解一个女人。他无论怎样努力，都是深入不到女人的心灵内部去的。女人的心灵是一个宇宙，男人的心灵不过是一个星球而已。站在任何一个星球上观察宇宙，即使借助望远镜，你又能知道多少？了解多少呢？……

女人无论成为一个什么样的女人，都有希望被某个男人充分理解的渴望——女人对女人的理解无论多么全面而且深刻，都是不能使她们获得慰藉的。这好比守在泉眼边而渴望一钵水，她们要的不是水，还有那个盛水的钵子……还不明白这个道理的女人，不是一个成熟的女人。有些女人，在她们刚刚踏入生活不久，便明白了这个道理。她们是幸运的。有些女人，在她们向这个世界告别的时候，也许还一直没弄明白这个道理。她们真是不幸得很……

好女人是一所学校。

一个好男人通过一个好女人走向世界……

一个男人的一百个男朋友，也没有一个好女人好；一个男人的一百个男朋友，也不能替代一个好女人。好女人是一种教育。好女人身上散发着一种清丽的春风化雨般的妙不可言的气息，她是好男人寻找自己，走向自己，然后又豪迈地走向人生的百折不挠的力量……

好女人使人向上。事情往往是这样：男人很疲惫，男人很迷惘，男人很痛苦，男人很狂躁；而好女人更温和，好女人更冷静，好女人更有耐心，好女人最肯牺牲。好女人暖化了男人，同时弥补了男人的不完整和幼稚……

当你走向战场和类似战场的生活，身后有一位好女人相送，那死也不是可怕的了！当你感到身心疲惫透顶的时候，一只温暖的手放在你的额头，一觉醒来，你又成了朝气蓬勃的人。当你糊涂又懒散，自卑自叹，丧失了目标，好女人温柔的指责和鞭策，会使你羞惭地进行自省……

女人是因为产生了爱情才成为女人的。

爱 情

爱情乃是人生诸事业中最重要的事业，是其他事业的阶梯；其他事业皆攀此阶梯而达到某种高度。这一事业的成败，可使有天才的人成为伟人，也可使有天才的人成为庸人……

人道、人性、爱，当某一天我们将这些字用金液书写在我们共和国的法典和旗帜上的时候，我们的人民才能自觉地迈入一个文明的时代并享受到真正的文明。因为这些字乃是人类全部语言中最美好的语言，全部词汇中最美好的词汇。人，在一切物质之中，在一切物质之上，那么人道、人性、爱，也必在人类的一切原则之上……

人道乃是人类尊重生命的道德；人性乃是人类尊重人的悟性；

而爱证明，人不但和动物一样有心脏，还有动物没有的心灵……

每一个人都有自己的帆。有的人一生也没有扬起过他或她的帆；有的人刚一扬起他或她的帆就被风撕破了，不得不一辈子停泊在某一个死湾；有的人的帆，将他或她带往名利场，他或她的帆不过变成了缎带上的一枚徽章，随着时间的流逝而失去光泽；而有的人的帆，直至他或她年高岁老的时候，仍带给他或她生命的骄傲……

有一类年轻女性，在她们做了妻子之后，她们的心灵和性情，依然如天真纯良的少女一般，她们是造物主播向人间的稀奇而宝贵的种子。世界因她们的存在，而保持清丽的诗意；生活因她们的存在，而奏出动听的谐音；男人因她们的存在，而确信活着是美好的。她们本能地向人类证明，女人存在的意义，不是为世界助长雄风，而是向生活注入柔情……

受伤的蚌用珠来补它们的壳……

没有一个女人，任何一个家庭，都不是完整的家庭。人类首先创造了“女人”二字，其后才创造了“家庭”一词。女人，对于男人们来说，意味着温暖、柔情、抚慰、欢乐和幸福。有男人的刚强，有男人的隐忍，有男人的自信，有男人的勇敢，甚至也有男人的爱好和兴趣……但是男人们没有过属于他们自己的幸福。是的，从来没有过。而只有女人们带给男人们，并为他们不断设计，不断完善，不断增加，不断美化的幸福。“幸福”是一个女性化的词。

年　轮

每个人的一生都有几个年龄界线，使人对生命产生一种紧迫感，一种惶惑。二十五岁、三十岁、三十五岁……二十五岁之前我们总以为我们的生活还没开始，而青春正从我们身旁一天天悄然逝去。当我们不经意地就跨过了这人生的第一个界线后，我们才往往大吃一惊，但那被诗人们赞美为“黄金岁月”的年华却已永不属于人们。我们不免对前头两个界线望而却步。幻想着能逗留在二十五岁和三十岁之间。这之间的年华，如同阳光映在壁上的亮影。你看不出它的移动。你一旦发现它确是移动了，白天已然接近黄昏，它暗了，马上就要消失，于是你懵懵懂懂地跨过了人生的第二个界线，仿佛被谁从后猛推一掌，跌入一个本不想进入的门槛……

即使旧巢毁坏了，燕子也要在那个地方盘旋几圈才飞向别处，这是生物本能；即使家庭分化解体了，儿女也要回到家里看看再考虑自己今后的生活打算，这是人性。恰恰相反的是——动物和禽类几乎从不在毁坏了巢穴的地方继续栖身，而人则几乎一定要在那样的地方重建家园……

在山林中与野兽历久周旋的猎人，疲惫地回到他所栖身的那个山洞，往草堆上一倒，许是要说一句——“总算到家了”吧？……即便不说，我想，他内心里也是定会有那份儿感觉的吧？云游天下的旅者，某夜投宿于陋栈野店，头往枕上一挨，许是要说一句——“总算到家了”吧？……即便不说，我想，他内心里也是定会有那份儿感觉的吧？

一位当总经理的友人，有次邀我到乡下小住，一踏入农户的小院，竟情不自禁地说：“总算到家了！”

他的话使我愕然良久……

切莫猜疑他们夫妻关系不佳，其实很好的。

为什么，人会将一个洞，一处野店，乃至别人家，当成自己“家”呢？

我思索了数日，终于恍然大悟——原来人人除了自己的躯壳需要一个家而外，心灵也需要一个“家”的。至于那究竟是一处怎样的所在，却因人而异了……

心灵的“家”乃是心灵得以休憩的地方。休憩的代词当然是“请勿打扰”。

是的，任何人的心灵都是需要休憩的——所以心灵有时候不得不从人的家里出走，找寻到自己的“家”……

遗憾的是，几乎我们每一个人都有家，而我们疲惫的心灵却似无家可归的流浪儿。朋友，你倘以这种体验去听潘美辰的歌《我想有个家》，难免不泪如泉涌……

谎　言

谎言是有惯性的。当它刹住，甩出的是真实……

友情好比一瓶酒，封存的时间越长，价值则越高；而一旦启封，还不够一个酒鬼滥饮一次……

男人在骗人的时候比他一向更巧舌如簧；女人在要骗人的时候比她一向更漂亮多情……

男人宁愿一面拥着女人的娇体，吻着她的香唇，同时听着她娓娓动听的关于爱的谎言；而不愿女人庄重地声明她内心里的真话——“我根本不爱你”……使我们简直没法说男人在这种时候究竟是幻想主义者还是现实主义者。由此可见，幻想主义和现实主义，在特殊情况之下是可以统一的。拥吻着现实而做超现实的幻想，睁大眼睛看看，我们差不多都在这么活着……

因为在生活中没有所谓“平等”可言乃是大的前提，所以人在游戏有时候力求定下诸多“平等”的原则……

几乎每一个人都极言自己的活法并不轻松，可是几乎每一个人都不肯轻易改变自己的活法，足见每一个人都具有仿佛本能的明智——告诉他或她，属于他或她的活法，也许最是目前的活法……

言论自由的妙处在于——当你想说什么就可以说什么的时候，我们大多数人似乎便无话可说了……

在聚餐点菜的时候，我们常常可以发现民主的负面……

当护士在你的臀部打针的时候，你若联想到你敬畏而又轻蔑的某些大人物的屁股上，也必留下过针眼儿，你定会暗自一笑，心理平和许多……

人：给我公平！
时代：那是什么？
人：和别人一样的一切！

时代：你和哪些别人一样？

人　生

时代抛弃将自己整个儿预售给他人，犹如旅者扔掉穿烂的鞋子……

朋友，你一定也留意过秋天落叶吧？一些半黄半绿的叶子，浮在平静的水面上，向我们预示着秋天的最初的迹象。秋天的树叶是比夏天的树叶更加美丽的。阳光和秋风给它们涂上了金黄色的边儿。金黄色的边儿略略向内卷着，仿佛是被巧手细致地做成那样的，仿佛是要将中间包裹起来似的。那也与夏天的绿不同，少了些翠嫩，多了些釉青。叶子的经络，也显得格外的分明了，像血管，看去仍有生命力在呼吸……它们的叶柄居然都高翘着，一致地朝向前方，像一艘艘古阿拉伯的海船……树是一种生命，叶亦是一种生命。当明年树上长出新叶时，眼前这些落叶早已腐烂了。它们一旦从树上落下，除了拾标本的女孩儿，谁还关注它们？而这恰恰是它们两种色彩集于一身，变得最美丽的时候。而使它们变得美丽的，竟是死亡的色彩……

人也是绝不能第二次重度自己的某一个季节的。故古人诗曰——莫道桑榆晚，为霞尚满天。人呵，钟爱自己的每一个人生季节吧！也许这世界上只有钱这种东西才是越贬值越重要的东西。生活的的确确是张着大口要每一个人不停地用钱喂它。而每一个人又都不得不如此。随处可见那样一些人，他们用钱饲喂生活，如同小孩儿用糖果饲喂杂技团铁笼子里的熊一般慷慨大方。而不把生活当成那样的熊的人，则经常最感缺少的竟是钱……

对女人们的建议——像女人那样活着，像男人那样办事……

在人欲横流的社会，善良和性行为同样都应有所节制。无节制的前者导致愚蠢；无节制的后者——我们都已知道，导致艾滋病……

美好的事物之所以美好，恰在于恰当的比例和适当的成分。酵母能使蒸出来的馒头雪白暄软，却也同样能使馒头发酸……

是的。每一个人都有向谁述说愿望，或曰本能。幸运的人和不幸的人都是如此。在这一点上，人的内心世界是很渺小的。幸运稍微多一点儿或者不幸稍微大一点儿，就会从心里溢出来，所谓水满自流……

我的同代人是这样的一些人——如同大潮退后被遗留在沙滩上的鱼群，在生活中啪啪嗒嗒地蹦跳着，大张着他们干渴的嘴巴，大裂着他们鲜红的腮，挣扎而落下一片片鳞，遍体伤痕却呈现出令人触目惊心的活下去的生命力。正是那样一种久经磨砺的生命力，仿佛向世人宣言，只要再一次大潮将他们送回水中，他们虽然遍体伤痕但都不会死去。他们都不是娇贵的鱼。他们将在水中冲洗掉磨进了他们躯体的尖锐的沙粒……

然而时代作用于他们的悲剧性在于——属于他们的大潮已过……

男人是通过爱女人才爱生活的……

为什么那么多人觉得表达出享受生活的愿望仿佛是羞耻的？其实这种愿望是隐瞒不住的。就像咳嗽一样，不管人怎样压制，它最终还是会真实地表现出来……

女人如果不能够靠自己的灵性寻找到一个真实的自我，那么她充其量最终只能成为某一男人的附属品。一切对人生的抱怨之词大抵是从这样的女人口中散播的。而实际上这样的女人又最容易对人生感到满足，只要生活赐给她们一个外表挺帅的男人她们就会闭上嘴巴的。即使别人向她们指出，那个男人实际上朽木不可雕也，她们仍会充满幻想地回答：可以生长香菇。觉得她自己就是香菇……

对于一个男人，任何一个有魅力的女人，要取代一个死去了的女人在他心灵中的位置的话，绝不比用石块砸开一颗核桃难。不管她生前他曾多么爱她。而反过来则不一样……

大多数女人天生比男人的心灵更钟于情爱……

人生有三种关系是值得特别珍惜的——初恋之情、患难之交、中学同学之间的友谊。中学同学是有别于大学同学的。大学同学，因为“大”了，则普遍是理性所宥的关系，难免掺杂世故的成分。但在中学同学之间，则可能保持一种少男少女纯本的真诚。在中学同学之间，即使后来学得很世故的人，往往也会羞于施展。就算当上了总统的人，见了中学时代的好朋友，也愿暂时忘记自己是总统，而见了大学同学，却会不由自主地时常提醒自己，别忘了他已然是总统……

哀伤并不因谁希望它有多久，就能在人心里常驻……

世上没有利用不完的东西。人对人的利用是最要付出代价的，而且是最容易贬值的……

几乎所有的人，当心灵开始堕落的时候，起初都认为这世界变邪了……

宁静的正确含义是这样的——它时时提醒我们这世界是不宁静的……

我们通常所说作“灵魂”的东西，恐怕原本未必是那么不喜欢孤独的东西，恐怕原本未必是那么耐不住寂寞的。也许恰恰相反，不喜欢孤独的是人自身，耐不住寂寞的也是人自身。而“灵魂”，其实是个时时刻刻伺机寻求独立，时时刻刻企图背叛人却又无法彻底实现独立的东西……

看电影是娱乐，办丧事也容易导向娱乐，而且是可以身心投入的娱乐，是可以充当主角、配角、有名次的群众演员和一般性无名次的群众演员的娱乐。大办便意味着有大场面，有大情节，有大高潮……

能够使心灵得以安宁的爱情，无论于男人抑或女人，都不啻是一件幸事。安宁之中的亲昵才适合氤氲出温馨，而温馨将会长久地营养爱情。

爱情的真谛可以理解为如下的过程——第一是爱上一个人；第二是被一个人所爱；第三，至关重要的是，祈求上帝赐助两者同时发生……

医治失恋并无什么灵丹妙药，只有一个古老的偏方——时间，加上别的姑娘或女人……

中国的贫穷家庭的主妇们，对生活的承受力和耐忍力是极可敬的。她们凭一种本能对未来充满憧憬，虽然这憧憬是朦胧的、盲目的，带有虚构的主观色彩的。她们的孩子，是她们这种憧憬中的“佛光”……

姑　娘

九十年代的姑娘有九十年代的她们的特点。或者毫无思想，毫无思想而又“彻底解放”，也便谈不上有多少实在的感情。或者仿佛是女哲人，自以为是女哲人，年纪轻轻的便很“哲”起来，似乎至少已经活了一百多岁，已经将人间世界看得毕透一般，人便觉得那不是姑娘，而是尤物，既令美得如花似玉，也不过就是如花似玉的尤物。这两类，都叫我替她们的青春惋惜。又有九十年代的心理艾滋病传染着她们——玩世不恭。真正地玩世不恭，也算是一种玩到家了的境界；装模作样的玩世不恭，那是病态。九十年代的姑娘装模作样的玩世不恭，和封建社会思春不禁的公主小姐们装模作样地假正经，一码事。

一个男人二十多岁时认为非常好的姑娘，到了三十五六岁回忆起来还认为非常好，那就真是好姑娘了。在二十多岁的青年眼中，姑娘便是姑娘。在三十五六岁以上年龄的男人眼中，姑娘是女人。

这就得要命。但男人们大抵如此。所以大抵只有青年或年轻人，才能真正感到一个“姑娘”的美点。到了“男人”这个年龄，觉得一个姑娘很美，实在是觉得一个女人很美。这之间是有区别的，其区别犹如蝴蝶和彩蛾……

二十岁缺少出风头的足够勇气和资本，三十岁起码因此吸取了一两次教训。二十五岁，这真是年轻人最最渴望出风头的年龄！年轻人爱出风头，除了由于姑娘们的存在，难道不会因为别的什么刺激吗？只有小伙子在一起的情况下，最爱出风头的他们，也没多大兴致出风头。正如只有姑娘在一起的情况下，连最爱打扮的她们，也没多大兴致打扮自己。出风头实在是小伙子们为姑娘们打扮自己的特殊方式——你说一名在演兵场上操练的士兵如果出风头，只不过是企图博取长官的夸奖？那么士兵企图博取长官的夸奖是为了什么呢？为了改变领章和肩章的星豆，为了由列兵而上等兵，为了由上等兵而下士，为了由下士而……可这一切归根结底又是为什么呢？尽管演兵场附近没有姑娘的影子……

爱情方面的幸福，不过是人心的一种纯粹自我的感觉。心灵是复杂而微妙的东西。幸福并不靠别人的判断才得出结论，一个人倘真的认为他是幸福的，那么他便无疑是幸福的……

我们曾经从自诩自恃的“无产阶级”的立场所呕呕指斥的“小资产阶级”的情调，我认为实实在在是人类非常普遍的富有诗意的情调。我们的生活中如果断然没有了这一种情调，那真不知少男少女们会变成什么样子？恋爱中的年轻人怎么彼此相爱？而我们的生活又将会变成什么样子？

孤　独

有两种人对孤独最缺少耐受力。一种是内心极其空旷的人。一种是内心极其丰富的人。空旷，便渴望从外界获得充实；丰富，则希图向外界施加影响。而渴望从外界获得充实的孤独在比希图向外界施加影响的孤独可怕得多，它不是使人的心灵变得麻木，就是使人的心灵变得疯狂……

空旷的心灵极易被幽暗笼罩。而人类情感的诗意和崇高的冲动会在这样的心灵中消退，低下的欲念和潜意识层的邪恶会在这样的心灵萌生，像野草茂长在乱石之间。

书

书，是一代人对另一代人的精神馈赠，是历史的遗言，是时代的自由，是社会的“维生素”，是人类文明的“助推器”。各种愚事，当人读一本好书时，就仿佛冰烤向火一样，渐渐化解，它把我们生活中寂寞的晨光变成精神享受时刻，它是我们的“船”，带领我们从狭隘的内心世界驶向明天无垠广阔的精神海洋……

忍　让

在昆虫方面，毛毛虫变成美丽的蝴蝶；而在人，为什么常常反过来？为什么我们会这么长久，这么长久地容忍这一种丑恶的嬗变？

我们每个人都根本无法预测，将会有怎样的悲剧突然降临在我们头上。等你从某种祸事或不幸中愕醒，你或许已经失去了原先的生活，以及一切维系那种生活的条件。仍面临着另一种从前绝不曾想到过的严峻生活、整个世界仿佛在你面前倾斜了。在这种情况下——人能忍受自己，便能忍受一切。

阳光底下，再悲惨，再恐怖的事情，都能以人的胸襟和对生命的热爱而将它包容。人类正是靠了这一种伟大的能力繁衍到今天。

怀　念

怀念，这是人作为人的最本质的、最单纯的、最自我的、最顽固的权利，它属于心所拥有的。当人心连这种任什么人的什么威慑也无法剥夺的权利都主动放弃了，人心就不过是血的泵罢了……

富有者的空虚与贫穷者的空虚是同样深刻的，前者有时甚至比后者更咄咄逼人。抵御后者不过靠本能，而抵御前者却靠睿智的自觉，对贫穷的人来说，富人的空虚是“矫情”；对富人来说，穷人的空虚是“破罐子破摔”——两种人都无法深入对方的心灵里去体验。这种互相无法体验的心理状态只能产生一种情绪，那就是彼此的敌意……

中国的富有者们当然没有培养起抵御富有了之后的那一种空虚的睿智。他们被时代倒提着双脚一下子扔在了享乐的海绵堆上。他们觉得很舒服，但未免同时有种不落实的悬空感。富有而睿智的人是未来社会的理想公民，但他们不可能是今天富有而空虚的人们的后代，正如不可能是今天的贫穷而“破罐子破摔”的人们的后代……

享乐的海绵堆也是能吞没人的。

中国人尊崇“伯乐”，西方人相信自己。

“伯乐”是一种文化和文明的国粹。故中国人总在那儿祈祷被别人发现的幸运，而西方人更靠自己发现自己。十位“伯乐”的价值永远也不如一匹真正的千里马更有价值。如果“伯乐”只会相马，马种的进化便会致“伯乐”们的失业。对马，“伯乐”是“伯乐”们的失业；对人，“伯乐”今天包含有“靠山”和“保护人”的意思……

所谓“正统”的思想之对于我的某些同代人们，诚如旧童装之对于长大了的少女，她们有时容忍不了别人将她们贬为“过时货”，乃是因为她们穿着它们确曾可爱过，时代之所以是延续的，正由于只能在一代人的内心里结束。而历史告诉我们，这个过程比葡萄晒成干儿的时间要长得多……

大多数人在学会了与生活“和平共处”的时候，往往最能原谅自己变成了滑头，但却并不允许自己变成恶棍。可以做到聆听滑头哲学保持沉默，但毕竟很难修行容忍恶棍理论冒充新道德经的地步……

而人类的希望也许正体现在这一点上。

对于三十多岁的女人，生日是沮丧的加法。

三十三岁的女人，即或漂亮，也是谈不上“水灵”的。她们是熟透了的果子，生活是果库，家庭是塑料袋儿，年龄是贮存期。她们的一切美点，在三十三岁这一贮存期达到了完善——如果确有美点的话。熟透了的果子是最不易贮存的果子，需要贮存的东西是难以保留的东西。三十三岁是女人生命链环中的一段牛皮筋，生活家庭既能伸长它又能老化它。这就是某些女人为什么三十四岁了、三十五岁了、三十六岁了依然觉得自己逗留在三十三岁上，依然使别人觉得她们仍像三十三岁的缘故，这是某些女人为什么一过三十三岁就像秋末的园林没了色彩没了生机一片萧瑟的缘故……

某类好丈夫如同好裁缝，家庭是他们从生活这匹布上裁下来的，他们具备剪裁的技巧。他们掂掇生活，努力不被生活所掂掇。与别的男人相比较而言，他们最优秀之处是他们善于做一个好丈夫。而他们的短处是他们终生超越不了这个“最”，如果他们娶了一个对生活的欲望太多太强的女人，是他们的大不幸，随遇而安的女人嫁给他们算是嫁着了……

女人需要自己的家乃是女人的第二本能。在这一点上，她们像海狸。普通的女人尤其需要自己的家，哪怕像个小窝一样的家。嘲笑她们这一点的男人，自以为是在嘲笑平庸，他们那种“超凡脱俗”的心态不但虚伪而且肤浅。他们忘了他们成为男人之前无一个不是在女人们构造的“窝”里长大的。不过人类筑窝营巢的技巧和本领比动物或虫鸟高明罢了……

喜欢照镜子的男人绝不少于喜欢照镜子的女人。女人常一边照镜子一边化妆和修饰自己。男人常对着镜子久久地凝视自己，如同凝视一个陌生者，如同在研究他们为什么是那个样子。女人既易接受自己，习惯自己，钟爱自己，也总想要改变自己；男人既苦于排斥自己，怀疑自己，否定自己，也总想要认清自己……

大多数女人迷惘地寻找着属于自己的那一个男人，大多数男人迷惘地寻找着自我。

男人寻找不到自我的时候，便像小儿童一样投入到女人的怀抱……

男人是永远的相对值。

女人是永远的绝对值。

女人被认为是一个人之后，即或仍保留着某些孩子的天性，其灵魂却永不再是孩子。所以她们总是希望被当作纯洁烂漫的儿童。男人被认为是一个男人之后，即或刮鳞一样将孩子的某些天性从身上刮得一干二净，其灵魂仍趋向于孩子。所以他们总爱装“男子汉”。事实上哪一个男人都仅能寻找到自己的一部分，甚至很小的一部分，正如哪一个女人都不能寻找到一个不使自己失望的“男子汉”一样……

女人是男人的小数点，她标在一生的哪一阶段，往往决定一个男人成为什么样的男人。夸父若有一个好女人为伴，大概不至于妄自尊大到去逐日而累死的地步……

我们看到高大强壮伟岸挺拔的男人挽着娇小柔弱的女人信心十足地走着，万勿以为他必是她的“护花神”，她离了他难以生活；其实她对于他可能更重要，谁保护着谁很不一定……爱神、美神、命运之神、死神、战神、和平之神、胜利之神乃至艺术之神都被想象为女人，塑造为女人，不是没有原因的。我们勘查人类的心理历程，在最成熟的某一阶段，也不难发现儿童天性的某些特点，实乃因为人类永远有一半男人。女性化的民族如果没有出息，不是因为女人在数量上太多，而是因为男人在质量上太劣……

一个苦于寻找不到自我才投入女人怀抱的男人，终将会使他意识到，他根本不是她要寻找的男人，而不过是延长断奶期的孩子。对于负数式的男人，女人这个小数点没有意义……

女人给她们爱的男人也给她自己生一个孩子，他们互相的爱才不再是小猫小狗之间的亲昵而已……

婚前与婚后，是男人和女人的爱之两个境界。无论他们为了做夫妻，曾怎样花前月下，曾怎样山盟海誓；如胶似漆、形影不离、耳鬓厮磨、卿卿我我，曾怎样同各自的命运挣扎拼斗、破釜沉舟、孤注一掷、不成功便成仁，一旦他们真正实现了终于睡在经法律批准的同一张床上的夙愿，不久便会觉得他们那张床不过就是水库中的一张木筏而已。爱之狂风暴雨，闪电雷鸣过后，水库的平静既是宜人的也是庸常的……

现实真厉害，它冷漠地改变着我们每一个人做人的原则和处世的教养……

没有一种人生不是残缺不全的……

任何人也休想抓住一个属于自己的完整的人生句号。我们只能抓毁它。抓到手一段大弧或小弧而已。那是句号的残骸。无论怎样认真书写，那仍像一个或大或小的逗号。越描越像逗号。人的生命在胚胎时期便酷似一个逗号。所以生命的形式便是一个逗号。死亡本身才是个句号。

生活有时就像一个巨大的振荡器。它白天发动，夜晚停止。人像沙砾，在它开始震荡的时候，随之跳跃，互相摩擦，在互相摩擦中遍体鳞伤；在它停止之时随之停止，只有停止了下来才真正感到疲惫，感到晕眩，感到迷惑，感到颓丧，产生怀疑，产生不满，产生幽怨，产生悲观。而当它又震荡起来的时候，又随之跳跃和摩擦，在跳跃和摩擦着的时候，认为生活本来就该是这样的，盲目地兴奋着和幸福着。白天——夜晚、失望——希望、自怜——自信、自抑——自扬，这乃是人的本质，日日夜夜，循环不已，这乃是生活的惯力……

满足是幸福的一种形式；比较是痛苦的一种形式；忘却是自由的一种形式……

一千年以前的蜜蜂构筑的巢绝不比今天的蜂巢差劲儿多少。一千年以后的蜜蜂大概还要构筑同样的六边形。蜜蜂世界竟是那么一个恒久的有序世界。细想一想，真替我们人类沮丧，几万年来人类在追求着自身的理想王国，可至今人类世界依然乱糟糟的……

一千年以后人类还能从蜂蜜中提取出什么来呢？……

岁　月

男人需要某一个女人的时候，那个女人大抵总是会成为世界上最好的女人；为了连男人自己也根本不相信的赞语，女人便常将自己作为回报……

成人有时想象死亡，正如儿童之有时想象长大……

四十岁以后的女人最易对悄然去悄然来临的岁月产生恐惧，对生命之仿佛倏然枯萎的现象产生惊悸。她们的老就像一株老榕树，在她们内心里盘根错节，遮成不透雨不透阳光，暗幽幽、闷郁郁、阴凄凄的一个独立王国。她们的情感只能在它的缝隙中如同一只只萤火虫似的钻飞。那神奇的昆虫尾部发出的磷光在她们内心聚不到一起，形成不了哪怕是一小片明媚的照耀，只不过细细碎碎闪闪烁烁地存在而已。幸运的是，当她们过了五十岁以后，反而对皱纹和白发泰然处之了。如此看来，“老”是人尤其是女人很快便会习惯的某一过程……

一个幸福家庭的主妇，有时也会渴望再度成为独身女子，那是对个体复归的本能的向往……

我们每个人多像被杂技表演者旋转了又顶在木棍上的盘子，不是继续旋转，便是倒下去被弃于一隅……

美国人喜爱“超人”。创造出男“超人”，继而又创造出女“超人”，满足他们的男人们和女人们的“超人”欲。英国人喜爱“福尔摩斯”，“福尔摩斯”被他们的崇尚绅士派头的老一辈忘掉了，他们的新一代便创造出“007”，让他在全世界各地神出鬼没，一边与各种肤色的女人忙里偷闲地寻欢作乐，一边潇潇洒洒地屡建奇功。法国的男人和女人几乎个顶个地幻想各式各样的爱情；生活中没有罗曼蒂克对他们就像没有盐一样，中国人却喜爱“包公”，世世代代地喜爱着，一直喜爱至今天。没有了“包公”，对中国人来说是非常之沮丧的事……

在我们的生活中，自私自利和个性独立，像劣酒和酒精一样常被混为一谈，这真可耻。

“老”是丑的最高明的化妆师。因而人们仅以美和丑对男人和女人的外表进行评论，从不对老人们进行同样的评论。老人是人类的同一化的复归。普遍的男人们和女人们对普遍的老人们的尊敬，乃是人类对自身的同一化的普遍认可。

今天，在城市，贫穷已不足以引起普遍的同情和怜悯。也许恰恰相反。而富有，哪怕仅仅是富有，则足以使许多人刮目相视了。一个以富为荣的时代正咄咄地逼近着人们。它是一个庞然大物，它是巨鳄，它是复苏的远古恐龙。人们闻到了它的潮腥气味儿，人们都感到了它强而猛健的呼吸，可以任富人骑到它的背上，甚至愿意为他们表演节目，绝不过问他们是怎样富的。在它爬行过的路上，它会将贫穷的人践踏在脚爪之下，他们将在它巨大的身躯下变为泥土。于是连不富的人们，也惶惶地装出富者的样子，以迎合它嫌贫爱富的习性，并幻想着也能够爬到它的背上去。它笨拙地然而一往无前地爬将过来，用它那巨大的爪子拨拉着人。当它爬过之后，将他们分为穷的，较穷的，富的，较富的和极富的。它用它的爪子对人世重新进行排列组合。它将冷漠地吞吃一切阻碍它爬行的事物，包括人。它唯独不吞吃贫穷。它将贫穷留待人自己去对付……

女人不能同时兼备可敬和可爱两种光彩。女人若使男人觉得可爱，必得舍弃可敬的披风……

人们宁肯彻底遗忘掉自己的天性，而不肯稍忘自己在别人的眼里是怎样的人或应该是一个怎样的人。人们习惯了贴近别人看待我们的一成不变的眼光，唯恐自己一旦天性复归，破坏了自己在别人心目中的形象。所以，和人忘乎所以玩一小时，胜过和人交往一年对人的认识……

我心·人心

心对人而言，是最名不符实的一个脏器。从我们人类的始祖们刚刚有了所谓“思想意识”那一天起，它便开始变成个“欺世盗名”的东西，并且以讹传讹至今。当然，它的“欺世盗名”，完全是由于我们人的强加。同时我们也应该肯定，这对我们人无疑是至关重要的。其重要性相当于汽车的马达，双手都被截掉的人，照样可以活着，甚至还可能是一个长寿者。但心这个脏器一旦出了毛病，哪怕出了点儿小毛病，人就不能不对自己的健康产生大的忧患了。倘心的问题严重，人的寿命就朝不保夕了，人就会惶惶然不可终日了。

我一向百思不得其解的是——所谓“思想意识”，本属脑的功能，怎么就张冠李戴，被我们人强加给了心呢？而这一个分明的大错误，一犯就是千万年，人类似乎至今并不打算纠正。中国的西方的文化中，随处可见这一错误的泛滥。比如我们中国文人视为宝典的那一部古书《文心雕龙》，就堂而皇之地将艺术思维的功能划归给了心。比如信仰显然是存在于脑中的，而西方的信徒们做祈祷时，却偏偏要在胸前画十字，因为心在胸腔里。

伟人毛泽东曾说过这样的话——“人的正确思想是从哪里来的？是从天上掉下来的吗？不是。是头脑里固有的吗？不是。人的正确思想，只能从实践中来……”

当年我背这一段毛泽东的语录，心里每每的产生一份儿高兴。仿佛“英雄所见略同”似的。那是我第一次从一个伟人那儿，获得到一个大错误被明明白白地予以纠正的欣慰。但是语录本儿上，白纸黑字印着的“思想”两个字，下边分别地都少不了一个“心”字。看来，有一类错误，一经被文化千万年地重复，那就只能将错就错，是永远的错误了。全世界至今都在通用这样一些不必去细想，越细想越对文化的错误难以纠正这一事实深感沮丧的字、词，比如心理、心情、心灵、心肠、心事、心地、心胸等等，并且自打有文字史以来，千百年不厌其烦地，重复不止地造出一串串病句。文化的统治力在某些方面真正是强大无比的。

心脑功能张冠李戴的错误，只有在医生那儿被纠正得最不含糊。比如你还没老，却记忆超前减退，或者思维产生了明显的障碍症状，那么分号台一定将你分到脑科，你如果终日胡思乱想，噩梦多多，那么分号台一定将你分到精神科。判断你精神方面是否出了毛病。其实精神病也是脑疾病的深层范围。把你打发到心脏专科那儿去的话，便是医院大大的失职了。

翻开历史一分析，心脑功能张冠李戴这一永远的错误，首先是与人类的灵魂遐想有关，也跟我们的祖先曾互相残食的记载有关。一个部落的人俘虏了另一个部落的人，于是如同猎到了猎物一样，兴高采烈围着火堆舞蹈狂欢。累了，就开始吃了。为着吃时的便当，自然地先须将同类们杀死。心是人体唯一滞后于生命才“死”的东西。当一个原始人从自己同类的胸腔里扒出一颗血淋淋的心，它居然还在呼呼跳动时，我们的那一个野蛮的祖先不但觉得惊愕，同时也是有几分恐惧的。于是心被想象成了所谓“灵魂”在体内的“居室”，被认为是在心彻底停止跳动之际才逸去的。“心灵”这一个词，便是从那时朦胧产生，后经文字的确定，文化的丰富沿用至今的。

人类的文化，中国的也罢，外国的也罢，东方的也罢，西方的也罢，一向对人的心灵问题，是非常之花力气去琢磨的。一个人对另一个人的心灵琢磨不透了，往往会冲口而出这样一句话——“我真想扒出你的心（或他或她的心），看看究竟是红的还是黑的！”许多中国人和外国人都说过这句话，说时都不免恨恨地狠狠地。

但是我观察到，在中国，在今天，在现实生活中，许许多多的人，其实是最不在乎心灵的质量问题的。越来越不在乎自己的，也越来越不在乎他人的了。这一种不在乎，和我们人类文化中一向的很在乎，太在乎，越来越形成着鲜明的，有时甚至是相悖的，对立程度的反差。人们真正在乎的，只剩下了心脏的问题，也许这因为，人们仿佛越来越明白了，心灵是莫须有的、主观臆想出来的东西。而心才是自己体内的要害，才是自己体内的实在之物吧?

的确，心灵原本是不存在的。的确，一切与所谓心灵相关与德行有关的问题，原本是属于脑的。的确，这一种张冠李戴，是一个大错误，是人类从祖先们那时候起就糊里糊涂地搞混了的。

但是，另一个不容争辩的事实乃是——人毕竟是有德性的动物啊!

人的德行毕竟是有优劣之分的啊！关于德行的观念，纵使说法万千，也毕竟是有个“质”的问题吧?

人类成熟到如今，对与人的生存有关的一切方面的要求都高级了起来。唯独对自身德行的“质”的问题，一任地降低着要求的水准。这一点尤其在当代中国呈现着不可救药的大趋势。中国文化中，对于所谓人的心灵问题，亦即对于人的德行问题，一向是喋喋不休充满教诲意味儿的。而如今的中国人，恐怕是我们这个地球上德行方面最鄙俗不堪的了。人类对于自身文化的反叛，在中国这块土地上，似乎进行得最为彻底。我们仿佛又被拎着双腿一下子扔回到千万年以前去了。扔回到和我们的原始祖先们同一文化水准的古年代去了。正如我们都知道的，在那一种古年代，所谓人类文化，其实只有两个内容——“人为财死，鸟为食亡”，和对死的恐惧。

我们的头脑中只剩下了关于一件事情的思想——金钱。已经拥有了大量金钱的人们的头脑，终日所想的还是金钱。尤其是金钱。他们对金钱的贪婪，比生存在贫困线上的我们的同胞们对金钱的渴望，还要强烈得多。他们对于死的恐惧，比我们普通人要深刻得多。

我们中国民间有一种说法——人心十窍。意思是心之十窍，各主七情六欲。当然有一窍是主贪欲的。当然这贪欲也包括对金钱的贪。所以，老百姓常说——某某心眼儿多，某某缺心眼儿，某某白长了心眼儿死不开窍。如今我们许多中国人之人心，差不多只剩下一窍了，那就是主贪欲那一窍。所贪的东西，差不多也只剩下了钱，外加上色点缀着，主着其他那些七情六欲的窍，似乎全都封塞着了。所以我前面说过，这样的人心，它又怎么能比人手的感觉更细微更细腻呢？它变成在“质”的方面很粗糙，很简陋，功能很单一的一个东西，岂不是必然的么？

我曾认识一位我一向敬着的老者。一生积攒下了一笔钱，大约有那么三四十万吧。仅有一子，已婚，当什么公司的经理，生活相当富足。可我们这位老者，却一向吝啬得出奇。正应了那句话——“瓷公鸡，铁仙鹤，玻璃耗子琉璃猫”。绝对的一毛不拔。什么“希望工程”、什么“赈灾义捐”、什么“社会道义救助”，几乎的一概装聋作哑，仿佛麻木不仁。倘需捐物，则还似乎动点儿恻隐之心。旧衣服破裤子的，也就是只能当破烂儿卖的些个弃之而不惜之类，倒也肯于“无私奉献”。但一言钱，便大摇其头，准会一迭声地道：“捐不起捐不起！我自己还常觉着手头儿钱紧不够花呐！”——这说的是他离休以后。离休前，堂堂一位正局级享受副部级待遇的国家干部，出差途中买筒饮料喝，竟要求开发票，好回单位报销。报销理由是非常之充足的——不是因公出差，我才不买饮料喝呐！以为我愿意喝呀？对于我这个人，什么饮料也不如一杯清茶！……尽管是"一把手"，在单位的名声，也是可想而知的了。却有一点是难能可贵的，那就是根本不在乎同僚们下属们对自己如何看法。

就是这么样的一位老同志，去年患了癌症之后，自思生命不久将走到了尽头，一日用电话将我召了去，郑重地说是要请我代他拟一份遗嘱。大出我意料的是，遗嘱将遗体捐献给医科院，以做解剖之用。仰躺病榻之上的他，一句句交代得那么从容，口吻那么平静，表情那么庄严。这一种境界，与他一向被别人背地里诮议的言行，真真是判若两人啊！我不禁心生敬仰，亦不禁满腹困惑。他看出了我有困惑，便问："听到过别人对我的许多议论是吧？"

我点头坦率回答："是的。"

又问："对我不那么容易理解了是吧？"

我又点头。

他便叹口气，说出一番道理，也是一番苦衷——"不错，我是有一笔为数不少的存款。但那既是我的，实际上又不是我的，是儿孙的。现在提倡爱心，我首先爱自己的儿孙，应该是符合人之常情的吧？一位父亲，一位祖父，怎么样才算是爱自己的儿孙呢？当然就看死后能留给他们多少钱多少财产啦，其他都是白扯。根本就体现不出爱心了。所以，我现在还活着，钱已经应该看成是儿孙们的了。我究竟有多少钱，他们是一清二楚的。我死那一天，钱比他们知道的数目还多些，那就证明就等于我对他们的爱心比他们的感觉还多些。如果少了，那就证明就等于爱心也少了。我当然希望他们觉得我对他们的爱心多些好。我到处乱捐，不是在拿自己对儿孙们的爱心随意抛撒么？我活到这岁数，早不那么傻了。再说，也等于是在侵犯儿孙们的继承权呀！至于我死后的遗体，那是没用的东西。人死万事休嘛。好比我捐过的些旧衣服破裤子，反正也不值钱了。谁爱接受了去干什么就干什么吧！还能写下个生命的崇高的句号，落下个好名声，矫正人们以前对我的种种偏见。干吗不捐？捐了对我自己，对儿孙们，都没有什么实际的损失嘛！我这都是大实话。大实话要分对象，当着我不信赖的人，我是绝不说这些大实话的……”

听罢他的“大实话”，我当时的心理感受是很难准确形容的。只有种种心理感受之一种是自己说得清楚的——那便是心理的尴尬。好比误将一名三流喜剧演员，可笑地当成了一位悲剧大师，自作多情地暗自崇拜似的。

对于我们这一位老同志，钱和身，钱才是更重要的。而身，不过是“钱外之物”，倒不那么在乎了。尤其当自己的身成了遗体后，似乎就是旧衣服破裤子了。除了换取好名声，实际上一钱不值了，更重要的留给儿孙，一钱不值的才捐给社会——这又该是多么现实，多么冷静的一副生意人的头脑里才可能产生的“大思维”啊？

那一天回到家里，我总在想这样一个问题——皆云“钱财乃身外之物”，怎么的一来，从哪一天开始，中国人仿佛都活到了另一种境界？一种“钱财之外本无物”的境界？无物到包括爱情，包括爱心，包括生前的名，死后的身，似乎还有那么一股子禅味儿。

正是从那天开始，我更加敏锐地观察生活，倍感生活中的许多方面，确实发生了，并且正在发生着翻天覆地的观念的“大革命”。

如果一个男人宣布自己是爱一个女人的——那么给她钱吧！“我爱你有多深，金钱代表我的心”……

如果做父母的证明自己是爱儿女的——那么给他们钱吧！“世上只有金钱好，没钱的孩子像根草”……

如果哪一行哪一业要奖励哪一个人——那么给他或她奖金吧!没有奖金衬托着，奖励证书算个啥?

人心大张着它那唯一没被封塞的一窍，呼哒呼哒地喘着粗气，如同美国科幻电影中宇宙异形的活卵，只吞食钱这一种东西。吞食足了，啪啦一下，卵壳破了，跃出一头狰狞邪恶的怪物……

于是我日甚一日地觉得，与人手相比，我们的张冠李戴的错误，使人心这个我们体内的“泵”，不但越来越蒙受垢辱，而且越来越声名狼藉了。越来越变得丑陋了。当然，若将丑陋客观公正地归给脑，心是又会变得非常之可爱的。如同卡通画中画的那一颗鲜红的红桃般可爱，那么脑这个家伙，却将变得丑陋了。脑的形象本就不怎么美观。用盆扣出的一块冻豆腐似的。再经指出丑陋的本质，它就更令人厌弃了不是?

有些错误是只能将错就错的。也没有太大纠正的必要。认真纠正起来前景反而不美妙。反正我们已只能面对一个现实——心也罢，脑也罢，我们人身体中的一部分，在经过了五千多年的文化影响之后，居然并没有文明起来多少。从此我们将与它的丑陋共生共灭，并会渐渐没有了羞耻感。

心耶？脑耶？——也就都是一样的了……

人性似水

天地之间，百千物象，无常者，水也；易化者，水也；浩渺广大无边际者，水也；小而如珠如玑甚或微不可见者，水也。

人性似水。

一壶水沸，遂蒸发为汽，弥漫满室，削弱干燥；江河湖海，暑热之季，亦水汽若烟，成雾，进而凝状为云，进而作雨。雨或霏霏，雨或滂沱，于是电闪雷鸣，每有霹雳裂石、断树、摧墙、轰亭阁；于高空遇冷，结晶成雹；晨化露，夜聚霜……总之一年四季，十二个月二十四节气，雨、雪、霜、雹、露、冰、云、雾，无不变形变态于水；昌年祸岁，也往往与水有着密切的关系。乌云翻滚，霓虹斜悬，盖水之故也；碧波如镜，水之媚也；狂澜巨涛，水之怒也；瀑乃水之激越；泉乃水之灵秀；溪显水性活泼；大江东去一日千里，水之奔放也。

人性似水。

水在地上，但是没有什么力量，也没有什么法术可以将它限制在地上。只要它“想”上天，它就会自由自在地随心所欲地升到天空进行即兴的表演，于是天空不宁。水在地上，但是没有什么力量，也没有什么法术可以将它限制在地上。只要它“想”入地，即使针眼儿似的一个缝隙，也足可使它渗入到地下溶洞中去。这一缝隙堵住了，它会寻找到另一缝隙。针眼儿似的一个缝隙太小了吗？水将使它渐渐变大。一百年后，起先针眼儿似的一个缝隙已大如斗口、大如缸口。一千年后，地下的河或地下的潭形成了，于是地藏玄机。除了水，世上还有什么东西能像水一样在天空、在地上、在地底下以千变万化的形态存在呢？

人性似水。

我们说“造物”这句话时，头脑之中首先想到的是“上帝”，或法力仅次于“上帝”的什么神明。但“上帝”是并不存在的，神明也是并不存在的。起码对如我一样的无神论者们而言是不存在的。水却是实在之物。以我浅见，水即“上帝”。水之法力无边，水绝对地当得起是“造物”之神。动物加植物，从大到小，从参天古树到芊芊小草，从蜗蚁至犀象，总计百余万科目、种类，哪一种哪一类离得开水居然能活呢？哪一种哪一类离开了水居然还能继续它们物种的演化呢？地壳的运动使沧海变成桑田，而水却使桑田又变成了沧海。坚硬的岩石变成了粉末，我们认为那是风蚀的结果。但风是怎样形成的呢？不消说，微风也罢，罡风也罢，可怕的台风、飓风、龙卷风也罢，归根结底，生成于水。风只不过是水之子。“鬼斧神工”之物，或直接是水的杰作，或是水遣风完成的。连沙漠上也有水的幻象——风将水汽从湿润的地域吹送到沙漠上，或以雨的形态渗入到很深很深的沙漠底层，在炎日的照射之下，水汽织为海市蜃楼……

人性似水。

水真是千变万化的。某些时候，某种情况下，又简直可以说是千姿百态的。鸟瞰黄河，蜿蜿逶逶，九曲八弯，那亘古之水看去竟是那么柔顺，仿佛是一条即将临产的大蛇，因了母性的本能完全收敛其暴躁的另一面，打算永远做慈爱的母亲似的。那时候那种情况下，它真是恬静极了，能使我们关于蛇和蟒的恐怖，联想也由于它的柔顺和恬静而改变了。同样是长江，在诗人和词人们的笔下又竟是那么不同。“万里长江飘玉带，一轮明月滚金球”，意境何其浩壮幽远而又妙曼呵！“乱石穿空，惊涛拍岸，卷起千堆雪”，却又多么的气势险怵，令人为之屏息呵！人性亦然，人性之难以一言而尽，似天下之水的无穷变化。

人性似水。人性确乎如水呵！

水成雾；雾成露；一夜雾浓，晨曦中散去，树叶上，草尖上，花瓣上，都会留下晶莹的露珠。那是世上最美的珠子。没有任何另外一种比它更透明，比它更润洁。你可以抖落在你掌心里一颗，那时你会感觉到它微微的沁凉。你也能用你的掌心掬住两颗、三颗，但你的手掌比别人再大，你也没法掬住更多了。因为两颗露珠只消轻轻一碰，顷刻就会连成一体。它们也许变成了较大的一颗，通常情况下却不再是珠子；它们会失去珠子的形状，只不过变成了一小汪水，结果你再也无法使它们还原成珠子，更无法使它们分成各自原先那么大的两颗珠子。露珠虽然一文不值，却有别于一切司空见惯的东西。你可以从河滩上捡回许许多多自己喜欢的石子，如果手巧，还可以将它们粘成为各种好看的形状。但你无法收集哪怕是小小的一碟露珠占为私有。无论你的手多么巧，你也无法将几颗露珠串成首饰链子，戴在颈上或腕上炫耀于人。这就是露珠的品质，它们看去都是一样的，却根本无法收集在一起，更无法用来装饰什么，甚至企图保存一整天也不是一件容易之事。你只能欣赏它们。你唯一长久保存它们的方式，就是将它们给你留下的印象“摄录”在记忆中。露珠如人性最细致也最纯洁的一面，通常体现在女孩儿和少女们身上。

我的一位朋友曾告诉我，有次她给她的女儿讲《卖火柴的小女孩儿》，她那仅仅四岁的女儿泪流满面。那时的人家里还普遍使用着火柴，从此女孩儿有了收集整盒火柴的习惯，越是火柴盒漂亮的她越珍惜，连妈妈用一根都不允许。她说等她长大了，要去找到那卖火柴的小女孩儿并且将自己收集的火柴全都送给卖火柴的小女孩儿。她仅仅四岁，还听不明白在那一则令人悲伤的故事中，其实卖火柴的小女孩儿已经冻死。是的，这一种露珠般的人性，几乎只属于天真的心灵。

人性似水。

山里的清泉和潺潺小溪，如少男和少女处在初恋时期的人性。那是人自己对自己实行的第一次洗礼。人一生往往也只能自己对自己实行那么一次洗礼。爱在那时仿佛圣水，一尘不染；人性第一次使人本能地理解什么是“忠贞”，哪怕相爱着的两个人一个字也不认识，从没听谁讲解过“忠贞”一词。关于性的观念在现代的社会已然“解放”，人性在这方面也少有了动人的体现。但是某些寻找宝物似的一次次在爱河中浮上潜下的男人和女人，除了性事的本能的驱使又是在寻找什么呢？也许正是在寻找那如清泉和小溪一般的人性的珍贵感受吧？

静静的湖泊和幽幽的深潭，如成年男女后天形成的人性。我坦率地承认二者相比我一向亲近湖泊而畏避深潭。除了少数的火山湖，更多的湖是由江河的支流汇聚而成的，或是由山雪溶化和雨后的山洪形成的，经过了湍急奔泻的阶段，它们终于水光清漪波平如镜了。倘还有苇丛装点着，还有山廓作背景，往往便是风景，那是颇值得或远或近地欣赏的。通常你只要并不冒失地去试探其深浅，它对你是没有任何危险性的。然而那幽幽的深潭却不同。它们往往隐蔽在大山的阴暗处，在阳光不易照耀到的地方。有时是在一处凸着的山喙的下方，有时是在寒气森森潮湿滴水的山洞里。即使它们其实并没有多么深的深度，但看去它们给人以深不可测的印象。海和湖的颜色一般是发蓝的，所以望着悦目。江河哪怕在汛季浑浊着，却是我常见的，对它们有一种熟悉的感觉。然而潭确乎不同，它的颜色看去往往是黑的，你若掬起一捧，它的水通常也是清的，然而还入潭中，又与一潭水黑成一体了。潭水往往是凉的，还往往是很凉很凉的，除了在电影里出现过的片段，在现实生活中偏喜在潭中游泳的人是不多的。事实上与江河湖海比起来，潭尤其对人没什么危害。历史上没有过任何关于潭水成灾的记载，而江河湖海泛滥之灾，全世界每年到处发生。我害怕潭可能与异怪类的神话有关。在那类神话中，深潭里总是会冷不丁地跃出狰狞之物，将人一爪捕住或一口叼住拖下潭去。潭每使我联想到人性“城府”的一面。“城府”太深之人不见得便一定是专门害人的小人，但是在这样的人的心里，友情一般是没有什么位置的，正义感公道原则也少有，有时似乎有，但最终证明，还是没有。那给你错误印象的感觉，到头来本质上还是他的“城府”。如潭的人性，其实较少体现在女人身上。“城府”更是男人的人性一面，女人惯用的只不过是心计。但是有“城府”的男人对女人的心计往往一清二楚，他只不过不动声色，有时还会反过来加以利用，以达到自己的目的。

一切水都在器皿中。盛装海洋的，是地球的一部分。水只有在蒸发为汽时，才算突破了局限它的范围，并且仍存在着。

盛装如水的人性的器皿是人的意识。人的意识并非完全没有任何局限。但是它确乎可以非常之巨大，有时能盛装得下如海洋一般广阔的人性。如海洋的人性是伟大的人性，诗性的人性，崇高的人性。因为它超越了总是紧紧纠缠住人的人性本能的层面，使人一下子显得比地球上任何一种美丽的或强壮的动物都高大和高贵起来。如海洋的人性不是由某一个人的丰功伟绩所证明的，许多伟人在人性方面往往残缺。具有如海洋一般人性的人，对男人而言，一切出于与普罗米修斯同样目的而富有同样牺牲精神的人，皆是。不管他们为此是否经受过普罗米修斯那一种苦罚。对女人而言，南丁格尔以及一切与她一样心怀博爱的她的姐妹，也皆是。

如水的人性亦如水性那般没有常性。水往低处流这一点最接近着人性的先天本质，人性体现于最自私的一面时，于人永远是最自然而然的，正如水往低处流时最为“心甘情愿”。一路往低处流着的水不可能不浑浊，水在什么坑坑洼洼的地方还会成为死水，进而成为腐水。社会谴责一味自私自利着的人们时，往往以为那些人之人性一定是卑污可耻并快乐着的。而依我想来，人性长期处于那一种状态未必真的有什么长期的快乐可言。引向高处之水是一项大的工程。高处之水比之低处之水总是更有些用途，否则人何必费时费力地偏要那样？大多数人之人性，未尝不企盼着向高处升华的机会，当然那高处非是尼采的“超人”们才配居住的高处。那种“高处”算什么鬼地方？

人性向往升华的倾向是文化的影响。在一个国家或一个民族里，普遍而言，一向的文化质量怎样，一向的人性质量便大抵怎样。一个男人若扶一个女人过马路，倘她不是偶然跌倒于马路中央的漂亮女郎，而是一个蓬头垢面破衣烂衫的老妪，那么他即使没有听到一个谢字，他也会连续几天内心里充满阳光的，他会觉得扶那样一个老妪过马路时的感觉，挺好。与费尽心机勾引一个女郎并终于如愿以偿的感觉大为不同，是另一种快活。如水的人性倒流向高处的过程，是一种心灵自我教育的过程。但是人即为人，就不可能长期地将自己的人性自筑水坝永远蓄在高处，那样子一来人性也就没了丝毫的快乐可言。因为人性之无论于己还是于他人，都不是为了变成标本镶在高级的框子里。真实的人性是俗的。

是的，人性本质上有极俗的一面。一个理想的社会和与之相适应的文化不该是这样的一把剪刀——以为可以将一概人之人性极俗的一面从人心里剪除干净；而且明白它、认可它、理解它，最大程度地兼容它；同时，有不俗的文化在不知不觉之中吸引和影响我们普遍之人的人性向上，而不一味地“流淌”到低洼处从而一味地不可救药地俗下去……

我们俗着，我们可以偶尔不俗；我们本性上是自私自利的，我们可以偶尔不自私自利；我们有时心生出某些邪念，我们也可以偶尔表现高尚一下的冲动；我们甚至某时真的堕落着了，而我们又是可以从堕落中自拔地……我们至死还是没有成为一个所谓高尚的人，有道德的人，脱离了低级趣味的人；但是检点我们的生命，我们确曾有过那样的时候，起码确曾有过那样的愿望……

人性似水，我们实难决定水性的千变万化。

但是水呵，它有多么美好的一些状态呢！

人性也可以的。

而不是不可以——一个社会若能使大多数人相信这一点，那么这个社会就开始是一个人文化的社会了……

人性和它的意义

如果一个人只从纯粹自我一方面的感受去追求所谓人生的意义，并且以为唯有这样才会获得最多最大的意义，那么他或她到头来一定所得极少。

确实，我曾多次被问到——“人生有什么意义？”往往，“人生”之后还要加上“究竟”二字。

迄今为止，世上出版过许许多多解答许许多多问题的书籍，证明一直有许许多多的人思考着许许多多的问题。依我想来，在同样许许多多的“世界之最”中，“人生有什么意义”这一个问题，肯定是人的头脑中所产生的最古老、最难以简要回答明白的一个问题吧？而如此这般的一个问题，又简直可以算得上是一个“哥德巴赫猜想”或“相对论”一类的经典问题吧？

动物只有感觉，而人有感受。

动物只有思维，而人有思想。

动物的思维只局限于“现在时”，而人的思想往往由“现在时”推测向“将来时”。

我想，“人生有什么意义”这一个问题，从本质上说，是从“现在时”出发对“将来时”的一种叩问，是对自身命运的一种叩问。

世界上只有人关心自身的命运问题。“命运”一词，意味着将来怎样。它绝不是一个仅仅反映“现在时”的词。

“人生有什么意义”这一个问题既与人的思想活动有关，那么我们一查人类的思想史便会发现，原来人类早在几千年以前就希望自我解答“人生有什么意义”的问题了。古今中外，解答可谓千般百种，形形色色。似乎关于这一问题，早已无须再问，也早已无须再答了。可许许多多活在“现在时”的人却还是要一问再问，仿佛根本不曾被问过，也根本不曾有谁解答过。

确实，我回答过这一问题。

每次的回答都不尽相同；每次的回答自己都不满意；有时听了的人似乎还挺满意，但是我十分清楚，最迟第二天他们又会不满意。

因为我自己也时常困惑时常迷惘，时常怀疑，并时常觉出着自己人生的索然。

我想，“人生有什么意义”这一个问题，最初肯定源于人的头脑中的恐惧意识。人一次又一次许多次地目睹从植物到动物甚而到无生命之物的由生到灭、由坚到损、由盛到衰、由有到无，于是心生出惆怅；人一次又一次地眼见同类种种的死亡情形和与亲爱之人的生离死别，于是心生出生命无常人生苦短的感伤以及对死的本能恐惧——于是“人生有什么意义”的沮丧油然产生。在古代，这体现于一种对于生命脆弱性的恐惧。“老汉活到六十八，好比路旁草一棵；过了今年秋八月，不知来年活不活。”从前，人活七十古来稀，旧戏唱本中老生们类似的念白，最能道出人的无奈之感。而古希腊的哲学家们，亦有认为“人生不过是场梦幻，生命不过是一茎芦苇”的悲观思想。

然而现代了的人类，已有较强的能力掌控生命的天然寿数了，并已有较高的理性接受生死之规律了。现代了的人类却仍往往会叩问“人生的意义”何在，归根结底还是源自一种恐惧，这是不同于古人的一种恐惧。这是对所谓“人生质量”尝试过最初的追求而又屡遭挫折，于是竟以为终生无法实现的一种恐惧，这是几乎就要屈服于所谓“厄运”的摆布而打算听天由命时的一种恐惧。这种恐惧之中包含着理由难以获得公认而又程度很大的抱怨。是的，事情往往是这样，当谁长期不能摆脱“人生有什么意义”的纠缠时，谁也就往往真的会屈服于所谓“厄运”的摆布了；也就往往会真的听天由命了；也就往往会对人生持消极到了极点的态度。而那种情况之下，人生在谁那儿，也就往往会由“有什么意义”的疑惑，快速变成了“没有意义”的结论。

对于马，民间有种经验是——“立则好医，卧则难救”。那意思是指——马连睡觉都习惯于站着，只要它自己不放弃生存的本能意识，它总是会忍受着病痛之身顽强地站立着不肯卧倒下去；而它一旦病得卧倒了，证明它确实已病得不轻，也同时证明它本身生存的本能意识已被病痛大大地削弱了。而没有它本身生存本能意识的配合，良医良药也是难以治得好它的病的。所以兽医和马的主人，见马病得卧倒了，治好它的信心往往大受影响。他们要做的第一件事，又往往是用布托、绳索、带子兜住马腹，将马吊得站立起来，如同武打片中吊起那些飞檐走壁的演员们那一种做法。为什么呢？给马以信心。使马明白，它还没病到根本站立不住的地步。靠了那一种做法，真的会使马明白什么吧？我相信是能的。因为我下乡时多次亲眼看到，病马一旦靠那一种做法站立着了，它的双眼竟往往会一下子晶亮了起来。它往往会咴咴嘶叫起来。听来那确乎有些激动的意味，有些又开始自信了的意味。

一般而言，儿童和少年不太会问“人生有什么意义”的话，他们倒是很相信人生总归是有些意义的，专等他们长大了去体会。厄运反而不容易一下子将他们从心理上压垮。因为父母和一切爱他们的人，往往会在他们不完全知情时，就默默替他们分担和承受了。老年人也不太会问“人生有什么意义”的话。问谁呢？对晚辈怎么问得出口呢？哪怕忍辱负重了一生，老年人也不太会问谁那么一句话。信佛的，只偶尔独自一个人在内心里默默地问佛。并不希冀解答，仅仅是委屈和抱怨的一种倾诉而已。他们相信即使那么问了，佛品出了抱怨的意味，也是不会责怪他们的，反而，会理解于他们，体恤于他们。中年人是每每会问“人生有什么意义”的，相互问一句，或自说自话问自己一句。相互问时，回答显得多余，一切都似乎不言自明，于是相互获得某种心理的支持和安慰；自说自话问自己时，其实自己是完全知道着一种意义的。

上有老下有小的人生，对于大多数中年人都是有压力的人生。那压力常常使他们对人生的意义保持格外的清醒。人生的意义在他们那儿是有着另一种解释的——责任。

是的，责任即意义。是的，责任几乎成了大多数是寻常百姓的中年人之人生的最大意义。对上一辈的责任、对儿女的责任、对家庭的责任，总而言之，是子女又为子女，是父母又为父母，是兄弟姐妹又为兄弟姐妹的林林总总的责任和义务，使他们必得对单位对职业也具有铭记在心的责任和义务。

在岗位和职业竞争空前激烈的今天，后一种责任和义务，是尽到前几种责任和义务的保障。这一点不须任何人提醒和教诲，中年人一向明白得很、清楚得很。中年人问或者仅仅在内心里寻思“人生有什么意义”时，事实上往往等于是在重温他们的责任课程，而不是真的有所怀疑。人只有到了中年时，才恍然大悟，原来从小盼着快快长大好好地追求和体会一番的人生的意义，除了种种的责任和义务，留给自己的，即纯粹属于自己的另外的人生的意义，实在是并不太多了。他们老了以后，甚至会继续以所尽之责任和义务尽得究竟怎样，来掂量自己的人生意义。“究竟”二字，在他们那儿，也另有标准和尺度。中年人，尤其是寻常百姓的中年人，尤其是中国之寻常百姓的中年人，其“人生的意义”，至今，如此而已，凡此而已。

“人生有什么意义”这一句话，在某些青年那儿，特别在是独生子女的小青年们那儿问出口时，含意与大多数是他们父母的中年人是根本不相同的。其含意往往是——如果我不能这样；如果我不能那样；如果我实际的人生并不像我希望的那样；如果我希望的生活并不能服务于我的人生；如果我不快乐；如果我不满足；如果我爱的人却不爱我；如果爱我的人又爱上了别人；如果我奋斗了却以失败告终；如果我大大地付出了竟没有获得丰厚的回报；如果我忍辱负重了一番却仍竹篮打水一场空；如果……如果……那么人生对于我究竟还有什么意义？

他们哪里知道啊，对于他们的是中年人的父母，尤其是寻常百姓的中年人的父母，他们往往即是父母之人生的首要的、最大的、有时几乎是全部的意义。他们若是这样的，他们是父母之人生的意义；他们若是那样的，他们是父母之人生的意义；换言之，不论他们是怎样的，他们都是父母之人生的意义；而当他们倍觉人生没有意义时，他们还是父母之人生的意义；若他们奋斗成为所谓“成功者”了，他们的父母之人生的意义，于是似乎得到一种明证了；而他们若一生平凡着呢？尽管他们一生平凡着，他们仍是父母之人生的意义。普天下之中年人，很少像青年人一样，因了儿女之人生的平凡，而备感自己们之人生的没意义。恰恰相反，他们越平凡，他们的平凡的父母，所意识到的责任便往往越大，越多……

由此我们得到一种结论，所谓“人生的意义”，它一向至少是由三部分组成的：一部分是纯粹自我的感受，一部分是爱自己和被自己所爱的人的感受，还有一部分是社会和更多有时甚至是千千万万别人们的感受。

当一个青年听到一个他渴望娶其为妻的姑娘说“我愿意”时，他由此顿觉人生饱满着一切意义了，那么这是纯粹自我的感受。

“世上只有妈妈好，有妈的孩子是块宝。”——这两句歌词，其实唱出的更是作为母亲的女人的一种人生意义。也许她自己的人生是充满苦涩的，但其绝对不可低估的人生之意义，宝贵地体现在她的孩子身上了。

爱迪生之人生的意义，体现在享受电灯、电话等等发明成果的全世界人身上；林肯之人生的意义，体现在当时美国获得解放的黑奴们身上；曼德拉的人生意义体现于南非这个国家了；而俄罗斯人民，一定会将普京之人生的意义，大书特书在他们的历史上……

如果一个人只从纯粹自我一方面的感受去追求所谓人生的意义，并且以为唯有这样才会获得最多最大的意义，那么他或她到头来一定所得极少。最多，也仅能得到三分之一罢了。但倘若一个久的人生在纯粹自我方面的意义缺少甚多，尽管其人生作为的性质是很崇高的；那么在获得尊敬的同时，必然也引起同情。比如阿拉法特，无论巴勒斯坦在他活着的时候能否实现艰难的建国之梦，他的人生之大意义对于巴勒斯坦人都是明摆在那儿的。然而，我深深地同情这一位将自己的人生完完全全民族目标化了的政治老人……

权力、财富、地位、高贵得无与伦比的生活方式，这其中任何一种都不能单一地构成人生的意义。即使合并起来加于一身，对于人生之意义而言，也还是嫌少。

这就是为什么戴安娜王妃活得不像我们常人以为的那般幸福的原因。贫穷、平凡、没有机会受到高等教育终生从事收入低微的职业……这其中任何一种都不能单一地造成对人生意义的彻底抵消。即使合并起来也还是不能。因为哪怕命运从一个人身上夺走了人生的意义，却难以完全夺走另外一部分，就是体现在爱我们也被我们所爱的人身上的那一部分。哪怕仅仅是相依为命的爱人，或一个失去了我们就会感到悲伤万分的孩子……

而这一种人生之意义，即使卑微，对于爱我们也被我们所爱的人而言，可谓大矣！人生一切其他的意义，往往是在这一种最基本的意义上生长出来的。好比甘蔗是由它自身的某一小段生长出来的……

“傻”事中的诗性

十二年前，一位容貌贤秀的上海姑娘，确切地说，是一位大学化工系女生，爱上了一名留学生。他也是学化工的。他们毕业后结婚了，她跟随他去往他的国家他的家乡。

一个沙漠之国，一个回教之邦——这是当时她对他的国家的全部所知。

于是他将他的中国新娘带到了他的国家的边界的一个小镇，那里距举世闻名的撒哈拉大沙漠仅二百余公里，那里便是他的家乡。一个经济落后，人口不多，规模很小的小镇。与中国长江以南的某些新兴县镇相比，那小镇更像一个社区化的村庄。

台湾女作家三毛写过一些关于撒哈拉大沙漠的散文，记叙了她和她的丈夫荷西的“撒哈拉”之恋，使那么多纯情的中国女孩儿读之深受感动。仿佛撒哈拉大沙漠才是真爱的源发地，爱的美好在沙漠上胜过在奥林匹斯山上似的。现在我们知道，其实三毛和她的夫君荷西，并不曾共同在撒哈拉生活过多久，也许总体时间加起来一年还不到……

但那位上海新娘，却已经在撒哈拉大沙漠边那个异国小镇，与她的丈夫共同生活了十二年了，而且一直无怨无悔地做着他的好妻子。两名化工系的学生，当初在那个人们靠种沙枣树谋生的小镇几乎找不到一份像样的工作。他们不得不双双打短工，每月的收入加起来，还不足五十元人民币……

如今他们终于有了自己的家，他们的家几乎空空如也，以前的贵重家具是冰箱和一台小小的黑白电视，刚换了一台大点儿的电视……

十二年间，她入乡随俗，改变了上海人的生活习惯和饮食习惯。连用水，都要从自家的井里汲取……

房子，乃是他们租的，他们还要靠租房子才有家。分明的，在以后一个相当长的时期里，他们是买不起房子的……

十二年前窈窕的上海姑娘，如今体态胖了，是一位中国妇人了。

她从前白皙的肌肤被晒黑了，被撒哈拉的风沙吹得粗糙了……

张敏——如果不是中国电视台的境外专题摄制组到了那个异国小镇，除了她的中国亲友，有谁知道她的名字呢？当记者同胞问她十二年来的生活感受时，她恬静地微笑着说："我既然爱上了他这个人，当然应该接受和他的人生相关的一切。"

我望着电视里的张敏，倏忽间，我的心被她的话深深感动了。在这个世界上，具体一点儿说，在中国，还有男人或女人为了爱肯去往任何地方，过任何一种生活吗？我暗问自己——假使我们是未婚男人，我肯为爱做到义无反顾吗？我对自己的回答是——恐怕我已做不到。但以前我相信我是能做到的啊，以前？——只不过才是几年前呀。当我们自认为或被认为成熟了的时候，我们就会将爱在手上反复掂量，患得患失。当爱在我们种种的得失考虑中似乎被摆放于周到的位置了，爱已经具有太多的思谋的成分了。就像我们周到地思谋许多别的事情一样。我们都企图从爱这一种原本最最单纯的人类关系中，获得最最实际的益处。爱越来越成为成功了的男人们为他们的成功所付出的代价的一种补偿，正如荣誉之补偿运动健将们平素的苦练。也越来越成为女人们的人生的一种经营方式，仿佛这便是爱的天经地义的位置了。

那种只因爱上了一个人便肯选择一种在他人看来傻透了的生活的男人或女人，已经很少很少了吧？进而我就不禁地想——以我这类俗男人的观点来看，张敏是否真的未免太傻呢？

国门敞开，爱的天地无比宽广了，多少中国女孩和女人带着她们的人生彩球迫不及待地去往西方，她怎么偏偏去往了撒哈拉大沙漠的边儿上呢？

如果她当年并未做这一种义无反顾的选择，她今天的命运将会多么不同啊——倘她当年考硕士进而考博士，她也许将成为中国未来的化学专家吧？倘她当年嫁给她的某一位上海同学，他们今天也早该在上海有自己温馨的小家了吧？

女人们是否更会认为她十二年前的决定太傻了呢？由电视中那个叫张敏的上海女子，我联想翩翩，进而想到了许多与“傻”这个字紧密相关的人和事。

首先想到了天上的织女们。她们中的两个，一个下凡嫁给了董永，一个下凡做了牛郎的媳妇。而且也是那么始终不渝，无怨无悔。她们是多么的傻呀！人间的公子王孙有多少哇，以她们的美丽容貌，迷倒哪一个不易如反掌呢？怎么偏偏爱上了连人间的女子们都不屑于正眼相看的两个一无所有的男人呢？

接着想到了白娘子，那个许仙对她疑神疑鬼的，竟那么值得爱吗？害得自己被镇在雷峰塔下，仍痴心不改！

还想到了杜十娘，李公子负心就负心吧！孙某也富，也看中了自己，便跨过船去，转投孙某怀抱，未必一生不快活吧？何况她自己有百宝箱，做富有的女单身族也挺潇洒呀。倘性的观念开通一些，像才女鱼玄机用诗所“宣言”的那样——“自当窥宋玉，何必怨王昌”，不是也不算亏待自己的一生吗？

再接着想到了爱情以外的人和事：普罗米修斯何苦来的呢？你本优哉游哉地在天上做着你的神祇，人间黑暗不黑暗，关你什么事呢？你何苦为人间盗火，因而使自己遭受悲惨而又永远的苦难呢？须知人间并没几个人真心实意地感念你啊！人间非但不感念，还要告诉自己的后代，火种是自己钻木得来的。普罗米修斯啊普罗米修斯，不知巨雕每天一次用爪扒开你的胸膛，啄食你的脏腑的时候，你都在想些什么？人类的忘恩负义，你这神祇是一清二楚的呀！

还联想到了猎人海力布。蛇王的女儿明明预先警告过你——你所听到的鸟兽的语言是绝不可以转告别人的，否则你将变成石头。洪水要冲来了，你自己悄悄躲避到山上去就是了嘛！如果你怕只剩下你一个人太孤单了，你骗一个或者干脆用猎枪逼着一个女人随你一块儿上山岂不更好？而且，也别管她是不是已经嫁人为妻了，只要你爱她！反正，她的丈夫总是要被洪水淹死的。她还应该感激你的救命之恩哪！何况，部落中就没有谗言小人了吗？他们就没背后贬损过你的人格吗？你舍自己的命而也同时连小人都救了，你不是迂腐到家了吗？

联想到了一则外国故事中的两个人：一个人犯了莫须有的罪，被判绞刑。他请求临死前给他半天的时间，让他赶回家去与老母亲诀别。围观者中有一个人恻隐了，竟自愿登上绞架顶替他。而且当众声明，倘他逾时不返，自己宁可替死。多傻的一个大傻帽儿呀！这人已经傻得无可救药了，那人比他更傻！差几分钟行刑了，却气喘吁吁，通身大汗地赶回来！边往绞架那边跑，还边大喊：“等等！等等！我回来啦！”——你说他不远走高飞逃之夭夭，跑回来送死干什么呀！

联想到了北宋学者吕南公笔下记载的三个人——其一曰陈策。别人买他的银器和罗绮，他却只卖银器不卖罗绮。还要对人家说："罗绮我货仓中是有的，但那是别人用来抵债的。已经存放得太久了，丝力糜脆质地不保了，怎么能卖给你去做嫁女的嫁妆呢？"还指出银器也是别人抵押之物，怕是假的，投入火中亲自替买者验看。其二叫危整。有次他买鲍鱼，渔肆过秤的人私下告诉他："我在秤星上多替你做了五斤的手脚，你得请我喝酒！"占了大便宜，当然应该请人家喝酒的。他却不，追上卖鱼的渔民，补交了五斤鲍鱼的钱。顾惜名声，做到这份儿上也就算了吧？竟还请过秤的人喝酒，为的是在酒桌上批评人家的不对。照今天我们某些同胞看来，往好了评论是作秀，是沽名钓誉。若往损了评论，大约是要被说成装孙子的吧？第三个人叫曾叔卿，做陶瓷买卖的。北方有灾荒，所以虽备好了货而不往。有人买了他那批陶瓷，且已付了钱。他却要问人家买了干什么？人家实告：也打算和你一样贩到北方去呀！他却收回货，退了款，不卖了。怕那批陶瓷贩往北方卖不出去，砸在人家手里！不砸在别人手里，那不就很可能砸在你自己手里吗？曾叔卿呀曾叔卿，人人都像你这么经商，有几个能发得起来呀？你本与儒字不沾边的，图的什么儒商虚名呢？何况，你家日子挺穷，你家妻儿还期待着你卖了陶瓷的钱买米下锅哪！……

"傻"人办"傻"事，自有他们的一套原则，或曰一套理念逻辑。其特殊之点是将人性操守化了，也反之按他们（包括她们）的理解将操守格外地人性化了。因而操守在他们和她们的意识里即人性的一部分，甚至是人性特别主要的成分。故他们和她们与我们是那么不一样。不像我们似的，总觉得操守是人性自由的羁绊和枷锁。是的，他们确乎的不这么觉得。我们有时也挺喜欢他们，那是因为我们凡事太少操守，太精于利己的思谋，于是使人性过于地芜杂了。

我们被其所累，便容忍有一种与我们的理念不同的另外的人性模式存在着。使我们看了如此安慰我们自己——只要我愿意，我也可以那么简单地活一生。尽管我们其实永远不打算像他们那样对待任何一件与我们自身的利弊多少有些相关的事情。我们安慰我们自己时，还企图证明我们在对人性的理解方面，站立在比“傻”人们高得多的境界。而且，我们想要举出多少条，便可举出多少条现代的理念，支持我们对人性的理解的正确性。就好像大人面对孩子说：“因为我已经不是小孩子了，所以我不会再做孩子事了。但是如果我的头脑重新变得像孩子那么简单……”

我们有时却很讨厌他们和她们，甚而嫌恶乃至憎恨他们和她们，总打算不容他们和她们的存在。不但嗤之以鼻地以一个“傻”字来定评，还往往要大加嘲讽、讥笑、攻讦。那是由于，因了他们和她们的存在，常常显得我们的不“傻”的活法未免也太是很累很累的活法了。真的，有时不“傻”的人的活法，比“傻”人们的活法更累。

“傻”人们的活法，以及他们和她们所做之种种在我们不“傻”的人看来实在“傻”得可悲可怜的事，是最经不起我们不“傻”的人如此一问的——何苦？

只要我们这么一问，“傻”人们就似乎的的确确是天生的一些“傻”种了。

而我最终想说的是——仅从美学的角度讲，某些事物恰恰因其过于复杂而失美，比如电脑的内部就不如电脑的外观那么好看，大脑也不如头颅那么好看。

人性亦如此。人性复杂进而芜杂，乃是人类后天相互传染的一种病。尽管我们普通的不“傻”的人，目前仍自赏着人性的复杂与芜杂，但总有一天，我们将不得不承认它是一种病。并开始研制给我们自己治病的药方。正如我们目前在研制医疗艾滋病的药方一样。人性在最简单的理解前提之下有诗性，这是“傻”人们给我的启示。故我每因我的不够“傻”，而深深地嫌恶我人性质量的糜烂的成熟，这使我常感羞耻不已……

关于情感

世界上没人能对“情感”二字进行周详的诠释。迄今为止所有一切关于“情感”的解说加在一起，也还是无法将人性这复杂而又多彩的现象全部包含。正如迄今为止所有一切关于自然界的解说加在一起，并不能将自然界的种种现象分析得明明白白。

所以便有了这样的诗句：

比陆地更广大的是海洋，
比海洋更广大的是天空，
比天空更广大的是宇宙，
和宇宙一样广大的，
是人的心灵。

在这样的诗句中，“广大”一词的意思，据我想来，不仅仅是一种“维”的概念，或许更意味着其难以全面探究的无限性。

和“情感”二字联系得最紧密的是“心灵”一词，正如鱼必然使我们联想到水。

我们有心脏，心脏是实在的器官，解剖学早已证明了这一点。

但解剖学从未在人身上发现过“心灵”是什么，也永远不可能发现。它根本就不存在。虽然它根本就不存在，人类却宁可信其有，不愿信其无。因为情感它需要有一个家。这比较符合人性之逻辑。故缺乏情感的人，常被形容为心灵冷漠。故倡导情感教育的人士们每每如此强调——谁都有心脏，但并非谁都有心灵可言。这意味着强调心灵是后天的，是某种人不重视其有无，便就似有似无的事物，或曰“东西”。而情感却是先天的，它分布在人性中，如江河之分布在大地上。环境的污染足以使江河淤塞，甚至断流，干涸。于是不但需要有清污船，还需要有水库。心灵是情感的水库；情感教育是情感的清污船。其实没谁强迫人类对自己进行什么情感教育。这纯粹源于人性的一种自觉。这自觉最初体现于宗教，也可以认为体现于一种恐惧——一种人类对人性恶的恐惧。人类在蒙昧时期恐惧自然界对自己的危害。人类越文明则越清楚地意识到——其实更值得恐惧的是人性自身的恶。人类尝此恶果远甚于自然界对自己的危害，于是人类只得靠了宗教来威吓自身。与从前的教规相比，后来的法律真是温和多了，也实事求是多了。

尽管我们难以对“情感”二字进行周详的诠释，却起码可以指出有些表现在许多时候所呈现的并非情感现象。

比如疼痛如果仅仅反应在肉体上，一般情况之下不是什么情感的现象，只有反应在心灵里的时候才是。

比如饮食的快感一般情况之下那不是什么情感的现象，但当宗教徒做餐前祷告之时，或流浪汉跪饮异域的泉水，倏忽间怀念起家院中的井以及父母亲人时，情况就大为不同了。

比如孩子独自在家看一般恐怖片的碟时害怕了，一般情况之下不是什么情感的现象；只有当听到父母回家的脚步声临近家门一跃而起跑去开门时，本能才刹那间转化为情感。

比如中了彩券的百万大奖高兴得眉开眼笑，一般情况之下不是什么情感的现象；随即想到要与最亲爱的人们共同分享那一幸运的时候才是。倘竟没有一个亲爱之人值得相告，那么那一种高兴和一头食肉动物偶获一餐时的“快乐”嚎叫没什么区别。

比如《卖火柴的小女孩》在冻死之前幻想到了老祖母在天堂向她伸出拥抱的手臂当然是情感的现象；孔乙己赊酒数茴香豆时也体现出丰富又微妙的情感现象；而婴儿的啼哭却是与情感二字没什么直接关系的。

现代的人类在本欲方面的要求是越来越强烈越来越多种多样五花八门了，但在情感的丰富和细腻方面，一个不争的事实是——似乎越来越退化了。

现代的人类企图回避这一真相，结果是越加的用本欲代替情感，并且进一步企图将二者混淆，以为就会在本欲大大满足的同时，也解决了情感匮乏的危机。

而这是自欺欺人的，只有人性才有自欺欺人的现象。

现代人的心灵，已不再像宇宙，倒有点儿像碳，什么都吸收，但自身不变。

在未来的时代，中国的一代代独生子女长大成人，渐渐主宰中国。人类情感质量退化的现象，呈现于中国，也许比呈现于世界任何国家都更咄咄逼人吧？

情感教育，对于中国，当是民族的必修之课。

如果我们能觉悟到这一点，为时还不算晚……

关于情感教育
—— 一堂大学情感教育课的讲稿

一、首先我们强调，本课程所言之“情感”二字，当然的，非仅指爱情现象的那一种情感，也不是包括了亲情和友情关系便全部涵括了的那一种情感。不，不是这样的。我们的课程所关注、研讨、分析和提升的情感，很丰富，很广博。

马克思说：“人是一切社会关系的总和。”这“一切社会关系”，包括政治、经济、法律、科技等，自然，也包括人类的情感现象。也就是说，倘忽视人类社会的林林总总的情感现象，则“人是一切社会关系的总和”这一句话，不能成立，起码是有严重缺陷的概括。或换一种说法，人和社会和他人的一切社会关系，最终必然会呈现于人的情感方面。

二、谁教育谁？

师生共同接受教育。

师生相互教育。

我们共同地、自觉地自己教育自己。并且，将这一种自我教育，首先当成对自身有益的精神保健。

那么，究竟谁是教师呢？一言以蔽之——文化。古今中外人类文明发展至今的文化遗产中，蕴含着极为丰富的解读人类情感现象的正面的和反面的记录，都可作为我们的教材。

我要再强调一点，情感教育这一门课程，不是和我们的中文专业无关的课程，也不是中文专业的辅助课程，而是和我们的中文专业密不可分的课程。简直可以这样说，忽略人类情感现象的研究、分析、了解，中文其实已不再是中文，人类的一切文艺的文化的现象，便全都没有了文艺的和文化的精神可言。比如毕加索——如果我们不研究、不了解他和他一生所从事的绘画艺术之间的深刻的情感关系，不了解他和他所处的时代的情感关系，则我们无法理解他的某些画。

当然，人类的全部文艺的文化的发展过程，是一个不断扬弃的过程。即使我们教学的是中文，中文和我们的关系，也远不及社会和我们的关系那么紧密。

故我们的眼，我们的耳，我们的心，不能只去看、听和想从前的人事，文艺中的人事，文化中的人事，更要关注现实。我们必然要立足于今天审视文化，也必然要借助文化来解析现实。

我们的情感教育所涉及情感现象较多，比如情调、情绪、情结、情愫、情操、情怀……

依我想来，情调是后天的，易变的；往往与时尚有关，甚至某阶段比较刻意的、做作的一种表层面的情感现象，每具有欺人性和自欺骗性，却又往往是宁愿的，愉悦的。

而情绪，则是一种司空见惯的情感的冲动表现。每一个人都常有这样的情况，企图掩饰是一件极难之事。比之于情调，它是情感的真实流露。不一定可取，但肯定真实。一般情况下，它是一种应该予以宽容的情感表现。但同时，又是一种需要克制的情感表现。

情结乃是情感长期堆积于心而形成的意识块垒。通常并无大害，只不过使人一厢情愿地一往情深，但也可能导致人的情感偏执，于是远离了客观和真实。

情愫是可持续的，相对稳定的情感现象，每以相对稳定的价值取向为其基础。

情操乃是在情愫的基础之上升华了的一种情感现象。这一词汇的表意是决然正面的。它所体现的情感之质，高于人类所普适的情感之质。它并非人人都具有的一种情感现象。正因为如此，一个有情操可言的人，几乎必有良好的信仰和操守，于是可敬。

情怀是一种超越一般情感本能的，受理性引导而又与理性水乳相融的情感现象。世上没有一个人是没有什么情操可言而居然有情怀的；世上也没有一个人是有情怀的而居然毫无操守。

情怀乃是一种大情感，使人具有不寻常的情感之境界。这使有情怀的人有时有点儿像宗教徒。他们的信仰不一定与宗教有关，但肯定和人类情感的崇高方面有关。

最基本的情怀是人道主义以及对公平和正义的超一己利益关系的主张。真正的公仆人物理应是对国家对民族对公众有着责任性质的真挚情怀的人。国家和民族若有许多这样的人，幸也。以上种种情感现象，都必然地生发于人的心里，亦作用于人的心，决定人的心理的明暗，于是体现为林林总总的言行：高尚、无私、爱、同情、宽容、感激、理解……或相反：恨、妒、歧视、轻蔑、嫌恶、恐惧、自私自利……而有时，情怀以相反的状态所表现的恰恰是它的优秀之质。比如，对于不道德的、丑陋邪狞的人事所表现的轻蔑和嫌恶，拒绝同流合污也。

诸位，我们每一个人，不分性别、年龄、职业、社会地位和贫富，几天内，至少有一次会受到以上正反两个方面的情感所影响。我们的人性是有先天弱点和缺点的。我们不必修行为圣人，但我们若不互相进行情感的教育，若不师从于人类文化中的文明，我们有可能渐渐成为邪劣之辈，丑陋之人，而我们还不自知。仅仅具有本能情感的人是没有进化的人。因为本能的情感，那是动物也有的。甚至，连动物身上，也偶尔表现有超本能的情感。诸位，没有文化方式所进行的教育，人类的历史将停止在奴隶社会；而那时的人类，是凶恶的。比地球上的任何一种动物都凶恶。

我关于我们的情感教育课程的发言结束了，谢谢诸位！

第二章

我思故我在

偶思欲望

人皆有欲望。

我们谈的是欲望，不是在谈欲。

欲是本能。

欲望乃是超越于本能的精神活动。这一种精神活动，往往会变成强烈又伟大的精神冲动，它远非本能的满足所能抑制和限止。

欲与欲望的区别，好比性与爱情的区别，更好比洗澡与水上芭蕾的区别。

人类停止在欲的满足方面，这世界的变化也就戛然而止了。

一个家庭也有欲望，一个社团也有欲望，一个民族也有欲望，一个国家也有欲望。人类不可能没有欲望，因为具体的人都是有欲望的。人类不可以没有欲望，因为人类也是仰仗着自身的欲望进化、进步和文明起来的。一个家庭，一个社团，只有依赖了成员们欲望的一致性而凝聚而各尽其能，才可实现追求之目标。一个民族也是这样，一个国家也是这样。

家庭是靠了家长来统一欲望实现欲望的。社团是靠了核心成员起这种作用的。民族和国家是靠了领袖与杰出的政治人物起这种作用的。共同的欲望的实现，需要确立和维护某种权威。缺少权威的引导，共同的欲望难以实现。共同的欲望既难以实现，多数人的欲望的质量必大受影响。

欲望当然有好坏之分。好的欲望其实便是理想，坏的欲望其实便是野心。一个人产生坏的欲望，极易滑向犯罪的道路。一个家庭由种种坏的欲望氤氲一片，极易使家庭这个温馨之所变成罪恶之窝。一个社团由坏的欲望所凝聚，将对社会造成危害。一个民族一个国家由坏的欲望统治，则必危害全人类的和平。

因而一个具体人的欲望，是须时时自觉地用理智进行审省、判断和控制的。一个产生了又坏又强烈的欲望的人，一个这样的人而不能够审省、判断自己欲望的好坏，并且不能够控制它，那么这个人对别人是危险的人。一个社团，一个民族，一个国家，也都是这样。

如果说欲望也就是目的，我们就应该明白，每一种欲望的达到，几乎都是以放弃另一种或另几种欲望为代价的，或者是以放弃另一部分来实现某一部分。一般而言，在实现欲望的过程中，理想的原则是不适用的。甚至，首先是要被放弃的。

大多数儿童是彻底的“理想主义者”。他们企图实现或获得，一心所求往往是全部。所以儿童们常会陷入此种两难之境——当他们把手伸入细颈陶罐掏取什么的时候，他们的手几乎都贪婪地抓得满满的。结果他们连自己的手也被卡住抽不出来了。他们要么会急得大哭起来，要么会发脾气将陶罐打破。哭是没用的。流再多的眼泪也不如放下去一点儿想得到的东西。而将陶罐打破，类似于杀鸡取卵……

真正的理想主义者，是善于控制欲望的人。他们面对欲望，好比是有良好教养的人在宴会上的表现。每样东西都在面前，但他们只取适量的东西。他们明白这样一个道理——之所以还有他们的一份儿转过去又转回来了，乃因餐厅里有秩序。餐厅里有秩序，乃因许多人都和他一样，在控制着自己的欲望。否则，餐刀餐叉，顷刻将会变成进攻的武器……

改革开放是大多数中国人的共同欲望。这是好的欲望，因而是理想。既是理想，当然时时须以理智加以审省和检验。

好的欲望共同的理想，往往也会因不理智的因素而走向反面。

勿使民族和国家的好的欲望走向反面——政治家的最高责任和最大光荣，正体现在这一点上。

政治家是民族和国家的头脑。

这个头脑发烧了，全民族和整个国家就“打摆子”。

这个头脑始终清醒着，乃是民族和国家的幸运。

商业时代的初期，人们的种种欲望皆被空前刺激起来。这一个时期的人类欲望，具有极其贪婪的色彩。如何使剧烈膨胀着的个人欲望，凝聚为民族和国家的共同理想，是时代的艰难使命。时代完不成这一使命，时代将走向反面。当许许多多的手都伸入细颈陶罐，都抓得满满的，都不愿放下一点点东西，都被卡住了抽不出来，陶罐是很容易被弄碎的。在此种情况下，少数人的理智已经难起什么作用了……

“宏观调控”是一种理智，“反腐倡廉”是一种理智，加强法制建设是一种理智，扶贫救困是一种理智，“下岗”再就业措施是一种理智……所幸都不甚晚！

人和欲望的几种关系

人生伊始，原本是没有什么欲望的。饿了、渴了、冷了、热了、不舒服了，啼哭而已。那些都是本能，啼哭类似信号反应。人之初，宛如一台仿生设备——肉身是外壳，五脏六腑是内装置，大脑神经是电路系统，而且连高级“产品”都算不上的。

到了两三岁时，人开始有欲望了。此时人的欲望，还是和本能关系密切。因为此时的人，大抵已经断奶。既断奶，在吃喝方面，便尝到了别种滋味。对口感好的饮食，有再吃到、多吃到的欲望了。

若父母说，宝贝儿，坐那儿别动，给你照相呢，照完相给你巧克力豆豆吃，或给你喝一瓶“娃哈哈”……那么两三岁的小人儿便会乖乖地坐着不动。他或她，对照不照相没兴趣，但对巧克力豆豆或“娃哈哈”有美好印象。那美好印象被唤起了，也就是欲望受到撩拨，对他或她发生意识作用了。

在从前的年代，普通百姓人家的小孩儿能吃到能喝到的好东西实在是太少了。偶尔吃到一次喝到一次，印象必定深刻极了。所以倘有非是父母的大人，出于占便宜的心理，手拿一块糖或一颗果子对他说:“叫爸，叫爸给你吃！”他四下瞅，见他的爸并不在旁边，或虽在旁边，并没有特别反对的表示，往往是会叫的。

小小的他知道叫别的男人“爸”是不对的，甚至会感到羞耻。那是人的最初的羞耻感，很脆弱的。正因为太脆弱了，遭遇太强的欲望的挑战，通常总是很容易瓦解的。

此时的人跟动物是没有什么大区别的。人要和动物有些区别，仅仅长大了还不算，更需看够得上是一个人的那种羞耻感形成得如何了。

能够靠羞耻感抵御一下欲望的诱惑力，这时的人才能说和动物有了第一种区别。而这第一种区别，乃是人和动物之间的最主要的一种区别。

这时的人，已五六岁了。五六岁的人仍是小孩儿，但因为他小小的心灵之中有羞耻感形成着了，那么他开始是一个人了。

如果一个与他没有任何亲缘关系可言的男人如前那样，手拿一块糖或一颗果子对他说:“叫爸，叫爸给你吃！”那个男人是不太会得逞的。如果这五六岁的孩子的爸爸已经死了，或虽没死，活得却不体面，比如在服刑吧——那么孩子会对那个男人心生憎恨的。

五六岁的他，倘非生性愚钝，心灵之中则不但有羞耻感形成着，还有尊严形成着了。对于人性，羞耻感和尊严，好比左心室和右心室，彼此联通。刺激这个，那个会有反应；刺激那个，这个会有反应。只不过从左至右或从右至左，流淌的不是血液，而是人性感想。

挑逗五六岁小孩儿的欲望是罪过的事情。在从前的年代，无论城市里还是农村里，类似的痞劣男人和痞劣现象，一向是不少的。表面看是想占孩子的便宜，其实是为了在心理上占孩子的母亲一点儿便宜，目的若达到了，便觉得类似意淫的满足……

据说，即使现在的农村，那等痞劣现象也不多了，实可喜也。

接着还说人和欲望的关系。

五六岁的孩子，欲望渐多起来。欲望说白了就是“想要”，而

“想要”是因为看到别人有。对于孩子，是因为看到别的孩子有。一块新表、一双新鞋、一种新玩具，甚或仅仅是别的孩子养的一只小猫、小狗、小鸟，自己没有，那想要的欲望，都将使孩子梦寐以求，备受折磨。

记得我上小学的前一年，母亲带着我去一位副区长家里，请求对方在一份什么救济登记表上签字。那位副区长家住的是一幢漂亮的俄式房子，独门独院，院里开着各种各样赏心悦目的花儿；屋里，墙上悬挂着俄罗斯风景和人物油画，这儿那儿还摆着令我大开眼界的俄国工艺品。原来有的人的家院可以那么美好，令我羡慕极了。然而那只不过是起初的一种羡慕；我的心随之被更大的羡慕胀满了，因为我又发现了一只大猫和几只小猫——它们共同卧在壁炉前的一块地毯上；大猫在舔一只小猫的脸，另外几只小猫在嬉闹，亲情融融……

回家的路上，母亲心情变好，那位副区长终于在登记表上签字了。我却低垂着头，无精打采，情绪糟透了。

母亲问我怎么了。

我鼓起勇气说：“妈，我也想养一只小猫。”

母亲理解地说：“行啊，过几天妈为你要一只。”

母亲的话像一只拿着湿抹布的手，将我头脑中那块“印象黑板”擦了个遍。漂亮的俄式房子、开满鲜花的院子、俄国油画以及令我大开眼界的工艺品，全被擦光了，似乎是我的眼根本就不曾见过的了。而那些猫们的印象，却反而越擦越清楚了似的……

不久，母亲兑现了她的诺言。而自从我也养着一只小猫了，我们的破败的家，对于学龄前的我，也是一个充满快乐的家了。

欲望对于每一个人，皆是另一个“自我”，第二“自我”。它也是有年龄的，比我们晚生了两三年而已。如同我们的弟弟，如同我们的妹妹。如果说人和弟弟妹妹的良好关系是亲密，那么人和欲望的关系则是紧密。良好也紧密，不良好也紧密，总之是紧密。人成长着，人的欲望也成长着。人只有认清了它，才能算是认清了自己。常言道："知人知面难知心。"知人何难？其实，难就难在人心里的某些欲望有时是被人压抑住的，处于长期的潜伏状态。除了自己，别人是不太容易察觉的。欲望也是有年龄阶段的，那么当然也分儿童期、少年期、青年期、中年期、老年期和生命末期。

儿童期的欲望，像儿童一样，大抵表现出小小孩儿的孩子气。在对人特别重要的东西和使人特别喜欢的东西之间，往往更青睐于后者。

当欲望进入少年期，情形反过来了。

伊朗电影《小鞋子》比较能说明这一点：全校赛跑第一名，此种荣耀无疑是每一个少年都喜欢的。作为第一名的奖励，一次免费旅游，当然更是每一个少年喜欢的。但，如果丢了鞋子的妹妹不能再获得一双鞋子，就不能一如既往地上学了。作为哥哥的小主人公，当然更在乎妹妹的上学问题。所以他获得了赛跑第一名后，反而伤心地哭了。因为获得第二名的学生，那奖品才是一双小鞋子……

明明是自己最喜欢的，却不是自己竭尽全力想要获得的；自己竭尽全力想要获得的，却并不是为了自己拥有……

欲望还是那种强烈的欲望，但"想要"本身发生了嬗变。人在五六岁小小孩儿时经常表现出的一门心思的我"想要"，变成了表现在一个少年身上的一门心思的我为妹妹"想要"。

于是亲情责任介入到欲望中了。亲情责任是人生关于责任感的初省。人其后的一切责任感，皆由此而发散和升华。发散遂使人生负重累累，升华遂成大情怀。

有一个和欲望相关的词是"知慕少哀"。一种解释是，引起羡慕的事多多，反而很少有哀愁的时候了。另一种解释是，因为“知慕”了，所以虽为少年，心境每每生出哀来了。我比较同意另一种解释，觉得更符合逻辑。比如《小鞋子》中的那少年，他看到别的女孩子脚上有鞋穿，哪怕是一双普普通通的旧鞋子，那也肯定会和自己的妹妹一样羡慕得不得了。假如妹妹连做梦都梦到自己终于又有了一双鞋子可穿，那么同样的梦他很可能也做过的。一双鞋子，无论对于妹妹还是对于他，都是得到实属不易之事，他怎么会反而少哀呢？

我这一代人中的大多数，在少年时都曾盼着快快成为青年。这和当今少男少女们不愿长大的心理，明明是青年了还自谓“我们男孩”“我们女孩”是截然相反的。

以我那一代人而言，绝大多数自幼家境贫寒，是青年了就意味着是大人了。是大人了，总会多几分解决现实问题的能力了吧？对于还是少年的我们那一代人，所谓“现实问题”，便是欲望困扰，欲望折磨。部分因自己“想要”，部分因亲人“想要”。合在一起，其实体现为家庭生活之需要。

所以中国民间有句话是——穷人的孩子早当家。早当家的前提是早“历事”。早“历事”的意思无非就是被要求摆正个人欲望和家庭责任的关系。

这样的一个少年，当他成为青年的时候，在家庭责任和个人欲望之间，便注定了每每地顾此失彼。

就比如求学这件事吧，哪一个青年不懂得要成才，普遍来说就得考大学这一道理呢？但我这一代中，有为数不少的人当年明明有把握考上大学，最终却自行扼死了上大学的念头。不是想上大学的欲望不够强烈，而是因为是长兄、长姐，不能不替父母供学的实际能力考虑，不能不替弟弟妹妹考虑她们还能否上得起学的问题……

当今的采煤工，十之八九来自农村，皆青年。倘问他们每个人的欲望是什么，回答肯定相当一致——多挣点儿钱。

如果他们像孙悟空似的是从石头缝里蹦出来的，除了对自己负责，不必再对任何人怀揣责任，那么他们中的大多数也许就不当采煤工了。干什么还不能光明正大地挣几百元钱自给自足呢？为了多挣几百元钱而终日冒生命危险，并不特别划算啊！但对家庭的责任已成了他们的欲望。

他们中有人预先立下遗嘱——倘若自己哪一天不幸死在井下了，生命补偿费多少留给父母做养老钱，多少留给弟弟妹妹做学费，多少留给自己所爱的姑娘，一笔笔划分得一清二楚。

据某报的一份调查统计显示——当今的采煤工，尤其黑煤窑雇用的采煤工，独生子是很少的，已婚做了丈夫和父亲的也不太多。更多的人是农村人家的长子，父母年迈，身下有少男少女的弟弟妹妹……

责任和欲望重叠了，互相渗透了，混合了，责任改革了欲望的性质，欲望使责任也某种程度地欲望化了，使责任仿佛便是欲望本身了。这样的欲望现象，这样的青年男女，既在古今中外的人世间比比皆是，便也在古今中外的文学作品中屡屡出现。

比如老舍的著名小说《月牙儿》中的“我”，一名二十世纪四十年代的女中学生。“我”出生于一般市民家庭，父母供“我”上中学是较为吃力的。父亲去世后，“我”无意间发现，原来自己仍能继续上学，竟完全是靠母亲做私娼。母亲还有什么人生欲望吗？有的。那便是——无论如何也要供女儿上完中学。母亲于绝望中的希望是——只要女儿中学毕业了，就不愁找不到一份好工作，嫁给一位好男人。而只要女儿好了，自己的人生当然也就获得了拯救。说到底，她那时的人生欲望，只不过是再过回从前的小市民生活。她个人的人生欲望，和她一定要供女儿上完中学的责任，已经紧密得根本无法分开。正所谓“皮之不存，毛将附焉”。

而作为女儿的“我”，她的人生欲望又是什么呢？眼见某些早于她毕业的女中学生不惜做形形色色有脸面有身份的男人们的姨太太或“外室”，她起初是并不羡慕的，认为是不可取的选择。她的人生欲望，也只不过是有朝一日过上比父母曾经给予她的那种小市民生活稍好一点儿的生活罢了。但她怎忍明知母亲在卖身而无动于衷呢？于是她退学了，工作了，打算首先在生存问题上拯救母亲和自己，然后再一步步实现自己的人生欲望。这时“我”的人生欲望遭到了生存问题的压迫，与生存问题重叠了，互相渗透了，混合了。对自己和对母亲的首要责任，改变了她心中欲望的性质，使那一种责任欲望化了，仿佛便是欲望本身了。人生在世，生存一旦成了问题，哪里还谈得上什么其他的欲望呢？“我”是那么令人同情，因为最终连她自己也成了妓女……

比“我”的命运更悲惨的，大约要算哈代笔下的苔丝。苔丝原是英国南部一个小村庄里的农家女，按说她也算是古代骑士的后人，她的家境败落是由于她父亲懒惰成性和嗜酒如命。苔丝天真无邪而又美丽，在家庭生活窘境的迫使之下，不得不到一位富有的远亲家去做下等佣人。一个美丽的姑娘，即使是农家姑娘，那也肯定是有自己美好的生活憧憬的。远亲家的儿子亚雷克对她的美丽表现出了极大的兴趣，这使苔丝也梦想着与亚雷克发生爱情，并由此顺理成章地成为亚雷克夫人。欲望之对于单纯的姑娘们，其产生的过程也是单纯的。正如欲望之对于孩子，本身也难免具有孩子气。何况苔丝正处于青春期，荷尔蒙使她顾不上掂量一下自己想成为亚雷克夫人的欲望是否现实。亚雷克果然是一个坏小子，他诱惑了她，玩弄够了她，使她珠胎暗结之后理所当然地抛弃了她。

分析起来，苔丝那般容易地就被诱惑了，乃因她一心想成为亚雷克夫人的欲望，不仅仅是一个待嫁的农家姑娘的个人欲望，也由于家庭责任使然，因为她有好几个弟弟妹妹。她一厢情愿地认为，只要自己成为亚雷克夫人，弟弟妹妹也就会从水深火热的苦日子里爬出来了……

婴儿夭折，苔丝离开了那远亲家，在一处乳酪农场当起了一名挤奶员。美丽的姑娘，无论在哪儿都会引起男人的注意。这一次她与牧师的儿子安杰尔·克亚双双坠入情网，彼此产生真爱。但在新婚之夜，当她坦白往事后，安杰尔却没谅解她，一怒之下离家出走……

苔丝一心一意盼望丈夫归来。而另一边，父亲和弟弟妹妹的穷日子更过不下去了。坐视不管是苔丝所做不到的，于是她在接二连三的人生挫折之后，满怀屈辱地又回到了亚雷克身边，复成其性玩偶。

当她再见到回心转意的丈夫时，新的人生欲望促使她和丈夫共同杀死了亚雷克。夫妻二人开始逃亡，幸福似乎就在前边，在国界的另一边。然而在一天拂晓，在国境线附近，他们被逮捕了。苔丝的欲望，终结在断头台上……

如果某些人的欲望原本是寻常的，是上帝从天上看着完全同意的而人在人间却至死都难以实现它，那么证明人间出了问题。这一种人间问题，即我们常说的“社会问题”。“社会问题”竟将连上帝都同意的某部分人那一种寻常的欲望锤击得粉碎，这是上帝所根本不能同意的。

从这个意义上说，人类和宗教的关系，其实也是和普世公理的关系。倘政治家们明知以上悲剧，而居然不难过，不作为，不竭力扭转和改变状况，那么就不配被视为政治家，当他们是政客也还高看了他们……

但欲望将人推上断头台的事情，并不一概是由所谓“社会问题”而导致。司汤达笔下的于连的命运说明了此点。于连的父亲是市郊小木材厂的老板，父子相互厌烦。他有一个哥哥，兄弟关系冷漠。这一家人过得是比富人差很多却又比穷人强很多的生活。于连却极不甘心一辈子过那么一种生活，尽管那一种生活肯定是《月牙儿》中的“我”和苔丝们所盼望的。于连一心要成为上层人士，从而过“高尚”的生活。不论在英国还是法国，不论在从前还是现在，总而言之在任何时候，在任何一个国家，那一种生活一直属于少数人。相对于那一种“高尚”的生活，许许多多世人的生活未免太平常了。而平常，在于连看来等于平庸。如果某人有能力成为上层人士，上帝并不反对他拒绝平常生活的志向。但由普通而“上层”，对任何普通人都是不容易的。只有极少数人顺利爬了上去，大多数人到头来发现，那对自己只不过是一场梦。

于连幻想通过女人实现那一场梦。他目标坚定，专执一念。正如某些女人幻想通过嫁给一个有权有势的男人改变生为普通人的人生轨迹。

于连梦醒之时，已在牢狱之中。爱他的侯爵的女儿玛特尔替他四处奔走，他本是可以免上断头台的。毫无疑问，若以今天的法律来对他的罪过量刑，判他死刑肯定是判重了。

表示悔过可以免于一死，于连拒绝悔过。因为即使悔过了，他以后成为“上层人士”的可能也等于零了。

既然在他人生目标的边上，命运又一巴掌将他扇回到普通人的人生中去了，而且还成了一个有犯罪记录的普通人，那么他宁肯死。结果，断头台也就斩下了他那一颗令不少女人芳心大动的头……

《红与黑》这一部书，在中国，在二十世纪八十年代前，一直被视为一部思想“进步”的小说，认为是所谓“批判现实主义”的。

但这分明是误读，或者也可以说是中国式的意识形态所故意左右的一种评论。

英国当时的社会自然有很多应该进行批判的弊病，但于连的悲剧却主要是由于没有处理好自己和自己的强烈欲望的关系。事实上，比之于苔丝，他幸运百倍。他有一份稳定的工作和一份稳定的收入，他的雇主们也都对他还算不错。不论市长夫人还是拉莫尔侯爵，都曾利用他们在上层社会的影响力栽培过他……

《红与黑》中有些微的政治色彩，然司汤达所要用笔揭示的显然不是革命的理由，而是一个青年的正常愿望怎样成为唯此为大的强烈欲望，又怎样成为迫待实现的野心的过程……

“我”是有理由革命的。苔丝也是有理由革命的。因为她们只不过要过上普通人的生活，社会却连这么一点儿努力的空间都没留给她们。

革命并不可能使一切人都由而理所当然地成为“上层人士”，所以于连的悲剧不具有典型的社会问题的性质。

对于我们每一个人，愿望是这样一件事——它存在于我们心中，我们为它脚踏实地来生活，具有耐心地接近它。而即使没有实现，我们还可以放弃，将努力的方向转向较容易实现的别种愿望……

而欲望却是这样一件事——它以愿望的面目出现，却比愿望脱离实际得多；它暗示人它是最符合人性的，却一向只符合人性最势利的那一部分；它怂恿人可以为它不顾一切，却将不顾一切可能导致的严重人生后果加以蒙蔽；它像人给牛拴上鼻环一样，也给人拴上了看不见的鼻环，之后它自己的力量便强大起来，使人几乎只有被牵着走，而人一旦被它牵着走了，反而会觉得那是活着的唯一意义；一旦想摆脱它的控制，却又感到痛苦，使人心受伤，就像牛为了行动自由，只得忍痛弄豁鼻子……

以我的眼看现在的中国，绝大多数的青年男女，尤其是受过高等教育的青年男女，他们所追求的，说到底其实仍属于普通人的一生目标，无非一份稳定的工作，两居室甚或一居室的住房而已。但因为北京是首都，是知识者从业密集的大都市，是寸土寸金房价最贵的大都市，于是使他们的愿望显出了欲望的特征。又于是看起来，他们仿佛都是在以于连那么一种实现欲望的心理，不顾一切地实现他们的愿望。

这样的一些青年男女和北京这样一个是首都的大都市，互为构成中国的一种“社会问题”。但北京作为中国首都，它是没有所谓退路的，有退路可言的只是青年们一方。也许，他们若肯退一步，另一片天地会向他们提供另一些人生机遇。但大多数的他们，是不打算退的。所以这一种“社会问题”，同时也是一代青年的某种心理问题。

司汤达未尝不是希望通过《红与黑》来告诫青年应理性对待人生；但是在中国，半个多世纪以来，于连却一直成为野心勃勃的青年们的偶像。

文学作品的意义走向反面，这乃是文学作品经常遭遇的尴尬。

当人到了中年，欲望开始裹上种种伪装。因为中年了的人们，不但多少都有了一些与自己的欲望相伴的教训和经验，而且多少都有了些看透别人欲望的能力。既然知彼，于是克己，不愿自己的欲望也同样被别人看透。因而较之于青年，中年人对待欲望的态度往往理性得多。绝大部分的中年人，由于已经为人父母，对儿女的那一份责任，使他们不可能再像青年们一样不顾一切地听凭欲望的驱使。即使他们内心里仍有某些欲望十分强烈地存在着，他们也不会轻举妄动，结果比青年压抑，比青年郁闷。而欲望是这样一种“东西”，长久地压抑它，它就变得若有若无了，它潜伏在人心里了。继续压抑它，它可能真的就死了。欲望死在心里，对于中年人，不甘心地想一想似乎是悲哀的事，往开了想一想却也未尝不是幸事。“平平淡淡才是真”这一句话，意思其实就是指少一点儿欲望冲动，多一点儿理性考虑而已。

但是，也另有不少中年人，由于身处势利场，欲望仍像青年人一样强烈。因为在势利场上，刺激欲望的因素太多了。诱惑近在咫尺，不由人不想入非非。而中年人一旦被强烈的欲望所左右，为了达到目的，每每更为寡廉鲜耻。这方面的例子，我觉得倒不必再从文学作品中去寻找了。

绝大多数青年因是青年，一般爬不到那么高处的欲望场上去。侥幸爬将上去了，不如中年人那么善于掩饰欲望，也会成为被利用的对象。青年容易被利用，十之七八由于欲望被控制了。而凡被利用的人，下场大抵可悲。

若以为欲望从来只在男人心里作祟，大错特错也。

女人的心如果彻底被欲望占领，所作所为将比男人更不理性，甚而更凶残。最典型的例子是《圣经故事》中的莎乐美。莎乐美是希律王和他的弟妻所生的女儿，备受希律王宠爱。不管她有什么愿望，希律王都尽量满足她，而且一向能够满足她。这样受宠的一位公主，她就分不清什么是自己的愿望，什么是自己的欲望了。对于她，欲望即愿望。而她的一切愿望，别人都是不能说不的。她爱上了先知约翰，约翰却一点儿也不喜欢她。正所谓落花有意，流水无情。依她想来，“世上溜溜的男子，任我溜溜的求”。爱上了哪一个男子，是哪一个男子的造化。约翰对她的冷漠，反而更加激起了她对他的占有欲望。机会终于来了，在希律王生日那天，她为父王舞蹈助娱。希律王一高兴，又要奖赏她，问她想要什么？她异常平静地说：“我要仆人把约翰的头放在盘子上，端给我。”希律王明知这一次她的“愿望”太离谱了，却为了不扫她的兴，把约翰杀了。莎乐美接过盘子，欣赏着约翰那颗曾令她神魂颠倒的头，又说：“现在我终于可以吻到你高傲的双唇了。”

愿望是以不危害别人为前提的心念。欲望则是以占有为目的的一种心念。当它强烈到极点时，为要吸一支烟或吻一下别人的唇，斩下别人的头也在所不惜。

莎乐美不懂二者的区别，或虽懂，认为其实没什么两样。当然，因为她的不择手段，希律王和她自己都受到了神的惩罚……

罗马神话中也有一个女人，欲望比莎乐美还强烈，叫美狄亚。美狄亚的欲望，既和爱有关，也和复仇有关。

美狄亚也是一位公主。她爱上了途经她那一国的探险英雄伊阿宋。伊阿宋同样是一个欲望十分强烈的男人，他一心完成自己的探险计划，好让全世界佩服他。美狄亚帮了他一些忙，但要求他成为自己的丈夫，并带她偷偷离开自己的国家。伊阿宋和约翰不同，他虽然并不爱美狄亚，却未说过“不”。他权衡了一下利益得失，答应了。于是一个男人和一个女人的欲望，达成了相互心照不宣的交换。

当他们逃走后，美狄亚的父王派她的弟弟追赶，企图劝她改变想法。不待弟弟开口，她却一刀将弟弟杀死，还肢解了弟弟的尸体，东抛一块西抛一块。因为她料到父亲必亲自来追赶，那么见了弟弟被分尸四处，肯定会大恸悲情，下马拢尸，这样她和心上人便有时间摆脱追兵了。她以歹毒万分的诡计“恶搞”伊阿宋的当然也是她自己的权力对头——使几位别国公主亲手杀死她们的父王，剁成肉块，放入锅中煮成了肉羹，却拒绝如她所答应的那样，运用魔法帮公主们使她们的父亲返老还童，而且幸灾乐祸。这样的妻子不可能不令丈夫厌恶。坐上王位的伊阿宋抛弃了她，决定另娶一位王后。在婚礼的前一天，她假惺惺地送给了丈夫的后妻一顶宝冠，而对方一戴在头上，立刻被宝冠喷出的毒火活活烧死。并且她亲手杀死了自己和丈夫的两个儿子，为的是令丈夫痛不欲生……

古希腊的戏剧家，在他们创作戏剧中，赋予了这一则神话现实意义。美狄亚不再是善巫术的极端自我中心的公主，而是一位普通的市民阶层的妇女，为的是使她的被弃也值得同情，但还是保留了她烧死情敌杀死自己两个亲子的行径。可以说，在古希腊，在古罗马，美狄亚是“欲望”的代名词。

虽然我是男人，但我宁愿承认——事实上，就天性而言，大多数女人较之大多数男人，对人生毕竟是容易满足的；在大多数时候，在大多数情况下，也毕竟是容易心软起来的。

势力欲望也罢，报复欲望也罢，物质占有欲望也罢，情欲、性欲也罢，一旦在男人心里作祟，结成块垒，其狰狞才尤其可怖。

人老矣，欲衰也。人不是常青树，欲望也非永动机，这是由生命规律所决定的，没谁能跳脱其外。一位老人，倘还心存些欲望的话，那些欲望差不多又是儿童式的了，还有小孩子那种欲望的无邪色彩。故孔子说：“七十而从心所欲，不逾矩。”意思是还有什么欲望念头，那就由着自己的性子去实现吧，大可不必再压抑着了，只不过别太出格。对于老人们，孔子这一种观点特别人性化。孔子说此话时，自己也老了，表明做了一辈子人生导师的他，对自己是懂得体恤的。

“老夫聊发少年狂”，便是老人的一种欲望宣泄。

但也确有些老人，头发都白了，腿脚都不方便了，思维都迟钝了，还是觊觎势利，还是沽名钓誉，对美色的兴趣还是不减当年。所谓“为老不尊”，其实是病，心理方面的。仍恋权柄，由于想象自己还有能力摆布时局，控制云舒云卷；仍好美色，由于恐惧来日无多，企图及时行乐，弥补从前的人生损失。两相比较，仍好美色正常于仍恋权柄，因为更符合人性。“虎视眈眈，其欲逐逐”，这样的老人，依然可怕，亦可怜。

人之将死，心中便仅存一欲了——不死，活下去。

人咽气了，欲望戛然终结，化为乌有。

西方的悲观主义人生哲学，说来道去，归根结底就是一句话——欲望令人痛苦；禁欲亦苦；无欲，则人非人。

那么积极一点儿的人生态度，恐怕也只能是这样——伴欲而行，不受其累；“己所不欲，勿施于人”。从年轻的时候起，就争取做一个三分欲望，七分理性的人。

“三七开”并不意味着强调理性，轻蔑欲望，乃因欲望较之于理性，更有力量。好比打仗，七个理性兵团对付三个欲望兵团，差不多能打平手。

人生这种情况下，才较安稳……

关于不幸、不幸福与幸福

同学诸位:

希腊神话中有所谓“美慧三女神”，她们妩媚、优雅、美丽，乃三姐妹，都是宙斯的女儿。一位是优芙洛尼亚，意为欢乐；一位是塔里亚，意为花朵；还有一位是阿格拉伊亚，意为灿烂。她们喜爱诗歌、音乐和舞蹈。一言以蔽之，人类头脑中的文艺灵感，得益于她们的暗示、启发和引领。故她们也往往被称为“美慧三女神”。除了她们，希腊神话中还有所谓“复仇三女神”“梦境三女神”，也都是三姐妹。而在美术创作中，有所谓“三原色”之说，即红、黄、蓝。

我想这么比喻——不幸、不幸福与幸福，也如同我们大多数人之人生的“三原色”，也如同我们大多数人之人生每将面对的“三女神”。她们同时出现在我们人生某阶段的情况极少，但其中两姐妹接踵而至甚至携手降临的现象却屡屡发生，于是有否极泰来、乐极生悲一类词。比如：苏三的人生可谓是否极泰来之一例，范进的人生可谓是乐极生悲之一例。

我将不幸、不幸福、幸福比做我们大多数人之人生的“三原色”，并非是指以上三种人生状况与红、黄、蓝三种颜色有什么直接关系，我的意思是——如同“三原色”可以调配出“七常色”及“十二本色”；不幸、不幸福、幸福三类人生状况，几乎是各种各样的人生的“底色”。世界非是固定不变的，人生更是如此。“底色”只不过是最初之色。

我认为构成人生不幸的原因主要有如下方面：

1. 严重残疾与严重疾病。

2. 贫困。

3. 受教育权利的丧失。

4. 由而沦为社会弱势群体。

5. 又由而身为父母丧失了抚育儿女的正常能力；身为儿女竟无法尽赡养父母的人伦责任……

也许还有其他方面，我们姑且举出以上几方面原因。

在以上原因中，有个人命运现象，比如先天失明、聋哑、智障、患白血病、癌等；也有自然生存环境和社会苦难造成的群体命运现象，比如血吸虫病、瘟疫、艾滋病、战争造成的伤残与疾病……

一个人的严重残疾与疾病，每每是一个家庭的不幸。一个群体的不幸，当然也应视为一个民族一个国家的不幸。个人的不幸命运既需要社会来予以关怀，也需要个人来进行抵抗。

海伦 · 凯蒂、霍金、保尔、罗斯福，他们证明了人生底色确实是可以一定程度地改变的，有时甚至可以改变得比成千上万正常人的人生更有声有色。

但不论怎样，不幸是具有较客观性的人生状况。这世界上没有人因残疾和疾病反而有幸福感。而某些自认为很不幸的人之所以并不能引起普遍人的深切同情，乃因他们的不幸不具有较客观的标准。所以我们才未将失恋也列入不幸范畴，尽管许多失恋的少男少女往往痛不欲生，自认为是天下第一不幸，第一值得同情者。当然，于连是有几分值得同情的，因为他的失恋也反映了一种社会疾病，那就是社会所公开维护的等级制。

很显然，同学诸位，皆非不幸之人。诸位能坐在我们北京语言大学的课堂上，应该说那还是比较幸运的。尽管大学一再实行扩招，却仍有一半以上你们的同龄人与大学无缘。其中许多人不是由于高考竞争的能力问题，而是由于自幼家境贫困，根本就丧失了竞争机会……

据我所知，同学诸位中，很有一部分人觉得自己是不幸福的。为什么明明是幸运者，却觉得自己不幸福呢？这乃因为，对人间真不幸所知甚少，所见更少，几乎没有怎么接触过。而对所谓幸福，却又欲求较多，定义得未免太过完满。窃以为，与不幸具有客观性相比，不幸福的感觉是常被主观所左右的。

我们中国的当下主流传媒有一大弊端，那就是——讳言贫困、落后、苦难和不幸，却热衷于宣传和炒作所谓时尚的生活方式，似乎时尚的、时髦的甚至摩登的生活方式，便是幸福的生活。而能过那种生活的人，在全世界任何一个国家都是少数。如此这般的文化背景，对新一代成长中的人，几乎意味着是一种文化暗示，即幸福的人生仅属于少数不普通的人；而普通人的人生是失败的，令人沮丧的，难有幸福可言的。

除了文化的这一种不是成心却等于成心的错误导向，我们国家十三亿人口的实际生活水平也是每使普通人感觉不幸福的原因。普通人这一概念在中国与在西方国家是不一样的。在中国，即使是在北京、上海等大城市，普通人及普通人家的生活水平其实也是非常脆弱的。往往是一人生病（这里指的是重病），全家愁苦，甚而倾家荡产。现在情况好了一些，公费医疗、医疗保险等社会福利保险制度有所加强，但仍处于初级阶段。粮食一涨价，人心就恐慌；猪肉一涨价，许多普通人家就奉行素食主义了；而目前的房价，使许多普通人家的“80 后”一代拥有自己住房的愿望几成梦想……

这使新一代都市年轻人，包括同学诸位中的某些人，看在眼里，心生大虑，唯恐自己百般努力，却仍像父母辈一样，摆脱不了普通人的命运。

如果将大学学子、研究生们与进城打工的农村儿女相比较，结果是十分耐人寻味的——如果非是家境凄凉或不幸，只要有钱可挣，后者的日常快乐反倒还会多一些似的。

日常快乐的多少也往往取决于性格，不见得就是实际生活幸福程度的体现，好的性格能够大大削弱感觉人生不幸福的烦恼。

为什么那些农村儿女们的日常快乐反而会多一些似的呢？乃因此之于成为大学学子、研究生们的都市青年对不幸见得较多，知得较多，接触得较多。而他们对所谓幸福的企求又是较低的，较实际的。还有一点也至关重要，那就是，他们的人生是有“根据地”的，是有万不得已的退路的，即他们来自的农村。那里有他们的家园，有亲情和乡情；那里乃是没有什么生存竞争压力的所在。

而前者们却不同，如果是城市青年，则他们没有什么“根据地”，退回到家里就等于是失业青年了。如果是农村青年，则从怀揣录取通知书踏上求学之路那一天起，就等于破釜沉舟地踏上一条不归路了。他们从小学到高中以毅忍之心孜孜苦学，正是为的这样一天。如果他们考入的还是北京、上海，那么在他们的思想意识里，不但没有了什么退路，简直还没有什么别路了。那种留在北京、上海的决心，如同从前的节妇烈女，一厢情愿地从一而终，一厢情愿地为自己的“北京之恋”“上海之恋”而“守节”。这一种决心，是非常可以理解的。因为在常人看来，在北京，在上海，一个受过大学高等教育的人，终于成为不普通之人的可能性仿佛比别处多不少。即使到底还是没有不普通起来，但成了北京和上海这等大城市里的普通人，似乎那也还是要比别处的普通人不普通。这一种普通而又不普通的感觉追求，往往会成为一种“亚幸福”追求。但这一种决心有时候也是可怕的——因为对于人生，还是多几种生存、发展的选择好一些，还是有退路的状态好一些。我这里说的退路，当然不是指农村。大学生、研究生回到或去到农村当农民，是知识化了的人力资源的浪费。但除了北京和上海，中国另有许多城市，尤其南方城市，其发展也是很快速的，对年轻人而言，人生机会也是较多的。

总而言之，我的意思是，不幸福的人生感觉人人都会常有，是生存竞争压力对人的心理造成的负面感觉。不同的人面临不同的生存竞争压力。但有时候，也与我们对人生的思想方法有关。如果能提前对人生多几种考虑、打算、选择，也许人生的回旋余地会大一些，压力会小一些，瞻望前途，会相对的乐观一些；那么，不幸福的感觉，自然会相对的少一些……

谈到幸福，有些人肯定会和我一样，联想到《安娜・卡列尼娜》开篇的那一句话——“幸福的家庭是相似的，不幸的家庭各有各的不幸。”是否也可以这样说呢？——幸福的人是相似的，不幸的人各有各的不幸。

我个人认为，幸福的人一定是生活在幸福的家庭里。我至今还不曾认识过一个生活在不幸福的家庭里但自感很幸福的人。曾经生活在不幸福的家庭里，但后来另立门户，拥有了自己的小家庭以后，人生开始幸福了的人是有的。但前提是——他或她的小家庭，必是一个幸福的小家庭。或曰：幸福只不过是一种感觉。

此话对矣，但不够全面。确乎，幸福和不幸福一样，主要是一种心理感觉。然而人的心理，通常不会无缘无故地产生感觉，心理感觉更多的情况下是客观外界作用于主观的反映。如果说不幸福之感觉往往是与不直接的客观外界的影响有关系，那么幸福的感觉像不幸的感觉一样，更是与特别直接的客观外界的实际状态有关系。也就是说，幸福像不幸一样，是由某些普世于人心的方面组成的。

1. 我们已经说过，幸福的人，肯定有幸福的家庭。2. 幸福的家庭，理论上肯定是人人健康，家庭关系和睦，夫妻恩爱，手足情深，家风良好，并由而受人尊敬的。3. 一个有着这样的家庭背景的人，他或她还须是起码具有大学文化知识的人。4. 而且他所从事的职业，恰恰是符合他理想的，他很热爱的职业。5. 这一种职业，一般而言，还要有较高的工资和较有社会地位的特征。6. 于是他本人的爱情和婚姻不但是一帆风顺的，还是如愿以偿的。7. 他们的小家庭起码是富裕的，当然应拥有宽敞的住房与一辆准名牌私车。8. 他们的孩子是漂亮的、聪明的，将来肯定有出息甚至青出于蓝而胜于蓝……

我们还可以列出几条。

由是而论，我们不难看出，文化知识程度较高的人，比之于文化知识程度较低的人，对幸福指数的企求也是高的，即使口头上说自己只不过心存某些一般的幸福要求，综合起来，那些一般的幸福要求已是很不一般太不一般了。更有的时候，甚至会将幸福误解为一种人生的完美状态，因而似乎应包含一切人生的美好。而实际情况却是——世界上只有极少极少数人的人生是接近完美的幸福的人生。

如果将人的一生比作由一点开始画起的一个圆，那么只有极少极少数人的人生画得接近标准的圆形；有些人的人生仅仅是半圆，或一段弧。大多数人的人生，画成了一个圆，但却是像蚀缺时的月亮似的圆。

我个人认为，能将人生画成一个近似的圆，那委实已经该算是不错的人生了。我个人认为，一个人的人生，只要在以上几条中实现了两条，比如有一个比较和睦的家庭和比较美满的婚姻，他或她就有理由感觉幸福多一些，感觉不幸少一些了。而居然实现了三四条，几乎可以说，他或她真的就是一个幸福之人了。

家庭和睦，手足情深，亲人健康，工作稳定，收入能够满足一般消费，月有节余，哪怕很少……这是一般普通人的幸福观。他们既为普通人，却并不沮丧于普通的人生，于是他们反而善于在普通的人生中企求普通的幸福，并珍惜之。

同学诸位，这样的一种人生态度，是否也可以给尚处于人生的一无所有阶段，但希望过上幸福生活的大家一点儿关于幸福的另类参考呢?

最后我要讲一个汉语常识——“希望”一词中的“希”字，在古汉语中，同“稀”，是一个演化字。“稀”——大家都知道的，乃指“少”。在农业社会，稻粱是宝贵的，布匹是宝贵的，都是稀缺之物。生产力不发达，靠天吃饭，好收成非是自然而然的事，于是每每举行祈祷。在古代，“稀望”是祭典仪式中的心理。

同学诸位迈出校门以后，都是中国的新一代知识型人才了。大家打理自己人生的能力，毫无疑问将比古人们高出许多许多倍。所以，只要诸位善于理性地把控自己的人生，一步步走在实处，我相信每个人都会或多或少获得某一部分人生的幸福。这是所有当大学老师的人对学子们的祝福。

下课……

论崇高

崇高是人性善的极致体现，以为他人为群体牺牲自我作为前提。

一个时期以来，“崇高”二字，在中国成了讳莫如深之词，甚至成了羞于言说之句。我们的同胞在许多公开场合眉飞色舞于性，或他人隐私。倘谁口中不合时宜地道出“崇高”二字，那么结果肯定地大遭白眼。

而我是非常敬仰崇高的，我是非常感动于崇高之事的。

我更愿将崇高与人性连在一起思考。

我认为崇高是人性内容很重要也很主要的组成部分。我确信崇高也是人性本能之一方面，确信它首先非是任何一类道德说教的成果。既非宗教道德说教的成果，亦非政治道德说教的成果。

我确信人性是由善与恶两部分截然相反的基本内容组成的。若人性恶带有本性色彩，那么人性善也是带有本性色彩的。人性有企图堕落的不良倾向，堕落往往使人性快活；但人性也有渴望升华的高贵倾向，升华使人性放射魅力。长久处在堕落中的人其实并不会长久地感到快活，而只不过是对自己人性升华的可能性完全丧失信心，完全绝望。这样的人十之七八都曾产生过自己弄死自己的念头，产生此种念头而又缺乏此种勇气的堕落者往往是相当危险的。他们的灵魂无处突围便可能去伤害别人，以求一时的恶的宣泄。那些在堕落中一步步滑向人性毁灭的人的心路，无不有此过程。

但人性虽然天生地有渴望升华的高贵倾向，人类的社会却不可能为满足人性这一种自然张力而设计情境。这使人性渴望升华的高贵倾向处于压抑。于是便有了关于崇高的赞颂与表演，如诗、如戏剧，如文学历史和民间传说。人性以此种方式达到间接的升华满足。

崇高是人性善的极致体现，以为他人为群体牺牲自我作为前提。我之所以确信崇高是人性本能，乃因在许多灾难面前，恰恰是一些最最普通的人，其人性的升华达到了最最感人的高度。

一九六一年十二月十七日，巴西某马戏团正在尼泰罗伊郊区的一顶尼龙帐篷下表演，帐篷突然起火，二千五百名观众四处逃窜，其中大部分是儿童。

一个农民站在椅子上大喊："男人们不要动，让我们的孩子们先逃！"

他喊罢立刻安坐了下去。

火灾被扑灭后，人们发现三十几个人集中坐在椅子上被活活烧死，都是农民。

没谁对他们进行过政治性的崇高说教。他们都不是教徒，无一人生前进过一次教堂。

一八八九年五月三十一日，位于美国宾夕法尼亚州的约翰斯敦水库十二英里长的水库堤坝全线崩溃，泻出水量四十万立方英尺，五十六亿加仑的水重达二千万吨，压塌了山谷，顿时将约翰斯敦和周围的十几个城镇摧为废墟。

下游城镇的几乎全体居民发动了空前自觉的营救，许多人为救他人而献身。

一九一三年，美国俄亥俄、印第安纳、伊利诺伊等州洪水泛滥成灾，十二万五千居民被困在屋顶和树上，许多居民自发地组成了互救队，涌现了许多感人的崇高、英雄主义的事迹。七十高龄的国家货币注册公司经理帕特逊，只着短裤，独自驾舟往返于各街道之间，从水中救起几十人；十二名电报业务员坚守岗位六十余小时，她们不知亲人安危与否，半数人因过度疲劳而昏倒；俄亥俄州特立华大学的学生们也涌现出了一桩桩可歌可泣的营救事迹，两名学生和一位老教授划船救了几十人后，船被大浪掀翻，师生三人一起遇难……

伊利诺伊州州长灾后的一次讲演中有这样一句话："在此次灾难中，上帝引导我们中许多人舍生忘死，先人后己。这些人便是上帝，他们人性中的崇高美点永垂不朽！"

世界各地从古至今的每一次灾难中都曾有崇高之烛闪耀过。我们人类的人性中的崇高美德接受过何止百次严峻的检阅？

一九九八年，中国南北两地的抗洪救灾，也何尝不是经受这样的大检阅呢？之所以感人，恰因那种种的崇高，乃是被标定在人性最高的位置上昭示于我们啊！

其他任何位置，依我看来，都非那种种崇高真本的位置。中国人，珍视啊！千万不要扭曲了它啊！一想到这里，我不禁地忧郁起来……

谁是最可尊敬的人

我以为，情感是每一个人的“不动产”。它应该随着社会的文明而“升值”。它是精神的“琥珀”。说到底，人类精神自我完善的终极目的，乃是为了使我们每一个人的情感更丰富，更细腻，更符合人性的自然。货币升值情感贬值的时代，无论工业怎样发达，商业怎样繁荣，其实都是令人悲哀而沮丧的。这不但会使我们每个人都成了百万富翁之后依然觉得无奈的贫穷，而且会使我们每个人都陷入空前的孤独。何况富人将永远是少数。

所以，有今天这么一个物欲横流，对物质的占有愿望极端膨胀，到处可见贪婪和经商野心嚣噪不安的年月，我是很重视对我的儿子的情感教育的。因为我清楚地知道，我将不能留给他什么所谓的遗产。我对他的情感教育，乃是我对他的为父者的责任之一啊！

某一天儿子回来发愁，说老师留了一篇作文，题目是——“一个你尊敬的人”。

“哪儿有这样的人呵？”

儿子迷惘地嘟哝，一副愁眉不展的样子。

我正在写作，听了他的话，不禁搁笔，问他：“怎么，这世界上竟没有一个受你尊敬的人？”

儿子说:“若有，那你告诉我是谁？”

我说:“你自己想想。”

他说:“不用想，那就是雷锋呗。可雷锋已经死了。老师要求写一个没死的人，还不能写一个报纸上电视里宣传的什么模范人物，这不等于是故意为难我们么？”

我说:“反正在你的周围，在你的熟悉的人中，值得你尊敬的人，肯定是有的。”

他问:“谁？”

他又说:“你自己，或者妈妈呗！”

我问:“你为什么这样猜测？”

他说:“许多同学都写自己的爸爸妈妈。”

我说:“儿女尊敬爸爸妈妈，当然是应该的。每个人正是从这一点开始，学会尊敬师长，尊敬一切值得尊敬的人。但是我不希望你写爸爸，也不希望你写妈妈。在我们的生活范围里，有一个人确实值得你尊敬，也值得写。”

他想了想，说出一个为世人所熟悉的名字。

我摇头。

他急躁地说:“她是著名演员，经常在电视里露面，名字经常见报，还不值得尊敬吗？”

我也有些生气地说:“你别往名人里去想！一个人的名气，和一个人究竟可敬不可敬，有很多时候恰恰是成反比的。你往最普通最平凡的人里去想想！如果你能够从他们中发现，有一个人的某一点值得你尊敬，那就是真的可敬的人或可敬的品格了。因为他们的名字不大容易见报，他们几乎一辈子根本没可能在电视里露面，他们的好品格才最是本质的，才最是无杂念的，才最是值得我们由衷去尊敬的！这样的一个人在我们的生活范围明明是有的！爸爸和你天天都不止一次地见着他！”

儿子不言语了，默默地想。

我又问:“是谁，一年四季，每天早早起来，把咱们周围的环境打扫得干干净净？是谁，每年开春给院里院外的花修枝，浇水？是谁，每年元旦、春节，不管天气多冷，不管刮风还是下雪，连夜扫尽遍地鞭炮的碎屑，使我们第二天看见一个舒心悦目的早晨？……”

儿子低声说:“爸爸，我明白了……”

他那篇作文，写的是我们童影厂的老勤杂工赵大爷。

他在作文中这样写道——赵大爷是穷人中的一个。五年多以来，我从未见他穿过一件哪怕稍微新一点儿的衣服。爸爸妈妈给过他一些衣服，却不曾见他穿过，想必是自己舍不得穿，捎回农村去了吧。他干的活不少，并且是要天天干的；哪一天不干，宿舍区和厂区的环境都会大不一样。他每个月只拿一百五十元。在今天，每个月只拿一百五十元，干他天天必干的那种脏活，而且干得认真负责，任劳任怨的人，恐怕是太少了……

不久，赵大爷去世了，很突然的就去世了，大概是死于脑出血。

儿子那一天对我说:“爸爸，我心里好难过。为什么一个辛辛勤勤为我们服务了那么多年的好人去世了，人们心里仿佛一点儿悲伤的感觉都没有？而有的人家里若死了他们养的一条小狗、一只小猫、鱼或者花虫什么的，也会闹得人人皆知，悲伤得要命似的？……”

儿子落泪了。

我说:“儿子，我心里也很难过啊！”

我搂着儿子，在默默地难过之中，寄托着我们父子对赵大爷的哀思……

儿子后来又写了一篇作文是“怀念赵大爷”——这一篇作文不是在我的启发之下写的，是他自己想写的，是我翻阅他的作文本时发现的。

儿子在他的第二篇关于赵大爷的作文中这样写道——赵大爷干完他应该干的活，还经常帮人修自行车，帮人搬搬抬抬的。大概他明白，他唯一能对别人有所帮助的，就是他那双手和他的力气了，所以他从不放过可以帮助别人的机会，哪怕别人并没求他。他是个完全没有文化的人，然而在我看来，又是一个极其文明的人，一个极其文明的穷人。我从没见他和谁吵过架，甚至从未见他和谁大声嚷嚷过。一些有知识有文化的人，如今吃了一点亏，甚至明明没吃亏，只不过自己觉得似乎吃了什么亏，就会骂天骂地的，而我从没听到赵大爷口中吐出过一个脏字。穷是多么容易使人嫉妒啊！在我们这幢楼里，住着不少先富起来了的人。在他们的高消费的比照下，赵大爷日复一日任劳任怨地干他那份儿脏活，月复一月挣他那一百五十元钱，从不眼红别人的生活，更不在背后对别人的高消费说三道四。他从垃圾堆里捡出酒瓶子罐头盒，破纸箱破鞋袜，积聚多了就卖，所得算是他的额外收入……赵大爷，我心里是很尊敬你的啊！你穷，可是你善；你没文化，可是你文明；你干的是脏活，可是你敬业。好人赵大爷，穷人赵大爷，文明而善良的穷人赵大爷，干脏活而内心干净的赵大爷，我会长久长久地怀念你的……

我读着儿子的这一篇作文，心中十分激动。我觉得，儿子的作文，写得从来没有这么好过。这是儿子最用心写的一篇作文呵！

我感到欣慰的是——作为一个父亲，我不但关心过儿子的心脏作为器官是否是健康的，而且也关心到了他的内心世界是怎么样的，将来会变成怎样的。

儿子呵，我愿你的内心里，将来对于普通善良的好人们，充满着仁和爱的感情。而这的确是需要爸爸从现在开始对你进行有益的教育的。这一种教育，目的在于使你明白，人作为人，虽在一切物质之中，却应同时在一切物质之上。归根结底，清贫者和大富豪的生活都同样是有缺陷的，后者的缺陷里填的是金钱。我没那么多金钱遗留给你，你将来只有用你对生活，对他人的爱心填充你生活的物质缺陷。这虽不比用金钱去填充更得意，但也绝不更卑俗……

我养鱼，我养花

我也爱鱼，我也爱花。人长一双眼睛，总希望看到些悦目的颜色，总希望看到些美丽的东西。否则岂非辜负了自己的一双眼睛吗？“赏心悦目”这个词，其实很应该反过来说的。首先目悦之，而后心赏之，难道不是吗？

如今的生活，已经变得相当丰富多彩了，可我几乎是个足不出户的人。终日伏案写作，抬头是墙，扭头是窗。窗的对面仍是墙——别的一幢楼的墙。目所见的颜色是极其单调的，心所赏的景物是极其局限的。久而久之，便觉得自己仿佛是一只小小盒子里的蜥蜴，于是对悦目的颜色和美丽的东西油然而生强烈的渴望……

我愿窗台上常有花儿开着，我愿桌上常有鱼儿在鱼缸里游着，使我在凝神思考之际有什么值得睹视的东西看着。为了满足自己这心愿，我便买了花盆和花，买了鱼缸和鱼。

先说花。我喜欢那些好看的草花，也就是老百姓说的“家常花”。不敢青睐那些名贵的花，它们太娇气，侍弄不得法，便会无可救药地死去。而我，又不可能像一位专宠专爱的郎君，太分心在它们身上。“家常花”则耐活多了，每天别忘了浇水，晒晒阳光，大抵就会慷慨地开放。即或几天内忘了浇水，忘了晒阳光，发现它们枯了萎了，“将功补过”一般也是来得及的。我曾从外地千里迢迢地带回家几盆花，但因易地之故，水土不服，都死了。当然，也有我的责任——照料不够。在我和花的关系中，坦率地说，我承认我一向较自私。花儿一厢情愿为我开，我为花儿服务却不够。一本书上讲，从这种现象似可判断一个男人对女性的态度。像我这样的男人，在对待女性的态度方面，又似该列入那么一种类型——也企盼着女性钟情于己，却不怎么能为人家做出牺牲。我扪心自问，觉得并不尽然，颇怀疑那本书的分析的科学性。但转而一想，也完全可能那本书的分析并不错，是我自己不能勇于正视自己的本来面目。不过呢，纵然那本书的分析千真万确是对的，我拿不可救药的自己也没什么好办法了。无非时时告诫自己，疏远女性，只拈花惹草而已。花草，吾所欲也。女性，亦吾所欲也。但花草较之女性，毕竟有似是而非的不同。于前者，缺乏责任感，不过是粗心罢了。于后者，则是男人的德行问题了。

现在的我，对花已培养起了几分责任感。虽谈不上“只恐夜深花睡去，故烧高烛照红妆”，该浇点水的时候浇水，该沐浴阳光的时候搬到阳光底下去，这些起码的责任还是能尽到的。我尽到了起码的责任，我养的那些“家常花”，也就为我无私地示翠绿，吐嫣红。我本对它们也没太高的期待，也就极满足了。并不想获得李清照那种“知否，知否，应是绿肥红瘦”的寂雅闲情，也不想获得秦观那种“有情芍药含春泪，无力蔷薇卧晓枝”的感怀怅心。倒是有几分曹组那种“着意闻时不肯香，香在无心处”的意外欣喜……

我望着我养的一些“家常花”开了，总会联想到胡适的几句话——花儿开了／我笑了／我觉花儿是为我开的了／我心里也像有花儿开了／花儿觉我是为它笑了／花儿开得也像笑了……记不很清了，大概就是这么个意思。我欣赏的不是胡适先生的诗句本身。而是他这几句诗话的意思。意思比他的诗句本身有意思。一个人能在细微处生愉悦，是怪难得的。我从养些“家常花”获得了这一点，便觉自己怪难得的，比以前的自己怪难得的……

再说鱼。我养的都是金鱼，品种最一般的金鱼。逛早市的时候买的，最贵的一元五一条，便宜的一元钱两条。一元钱在今天居然能买两条有生命的小东西，有时甚至可以买到四条，你不能不认为这是一元钱所能买到的最美丽的东西了。我买的鱼儿们，在品种上被归为“草鱼”一类。在我看来，鱼儿能像它们那样美丽，也就够美丽的了。而且，它们的可贵处，像我养的“家常花”，都是很耐活的。我最先只买了两条，养在一个圆形的小鱼缸里。后来又买了两条，养在一个较大的方形鱼缸里。再后来索性又买了几条，共同养在一个更大的鱼缸里。鱼缸大，桌上是不能摆了，只好摆在阳台上。坐在窗前写小说，抬头可见金鱼在鱼缸里悠然自得地游，便觉得自己改善了自己寂寂甘苦的创作生涯，心中别是一种自慰。我对鱼儿们比对花儿们更有责任感些。每天按时喂食，隔几日换一次水，尽量使它们在清洁的水中活着。它们游得不生动了，我便会细细地透过鱼缸观察，怕它们病了。因为和花儿相比，鱼儿更是生命啊！死了一条鱼儿，也更比死了一株花儿感到内疚。最初的十几条鱼儿，本是养得很好的。鳞光闪耀，鳍尾透亮，在颇大的鱼缸里生活得相当“幸福”。后来妻说，鱼缸够大，理应多养些——一大片游过来，一大片游过去，那多好看。我一想象，也觉那将是很壮观的情形。于是又买了十几条。结果，就开始不停地死。可能新买来的鱼儿，在卖鱼人的鱼盆里饿着的，所以到了我这儿，必然抢食吃，有的便撑死了。也可能是鱼儿增多了，水中的氧不够了，有的闷死了。当然，也不排除新买的鱼儿有传染病的原因。总之，几乎“全军覆灭”，有一天从早到晚竟死了七条……

那几天我什么事儿也顾不上了，长时间地守在鱼缸前。有鱼蔫了，便捞出，放另一缸里单养，往水中兑药，抢救了几条鱼儿的生命……

养鱼使我对小生命培养起了尊重，以及更大的责任感。我想，既然我把它们买回家了，那么，也就意味着，上帝将它们交由我来照料了。对它们的生死，我岂能麻木不仁呢？为了养好它们，我特意买了一册北京出版社出的书《金鱼》。当然，也为它们置备了充氧器、滤水器……现在，在我的“关照”下，鱼儿们又“幸福”起来……

归根结底，虽然我为花儿和鱼儿付了点儿精力和时间，但它们也给我带来了生活的情趣儿。尽管我养的不过是一些“家常花”和最普通最便宜的鱼儿……

我在“非典”时期

一

二十余年前，我曾经历过一次疫病对人的威胁。

当年我二十二岁，下乡已三年，在黑龙江生产建设兵团一师二团七连，一个山里连队，不当知青班长而当小学教员了。

我们连的机务排长姓刘，叫刘文波，是一名转业的坦克兵班长，身高一米八左右，很是魁梧。如今想来，那么高大的一个人，似乎不太应该曾是坦克兵，因为他会使坦克里的空间显得更加狭小啊。但千真万确，他就是坦克兵转业。他的力气极大，维修拖拉机时，手一用劲，接连握断过两把钳子。不应该是什么质量问题。那个年代中没现在这么多假冒伪劣，工人也不敢出质量问题。一旦出了，追究起来，往往会往政治性质方面上纲上线的。何况我们生产建设兵团用的机械工具，都是从兵工厂购进的。真的，他的力气太大了。生产建设兵团的拖拉机当年都是五十四马力的“东方红”，约一吨半重，维修时，刘排长往往独自一人就能用杠棒将之撬起，而且还一边压着，一边表情轻松地和人聊天……

就是这么样一个大力士，白天还在知青宿舍里下过棋，夜里突然高烧三十九度多，开始昏迷不醒说胡话。被马车连夜送往四十里地外的团部医院，第二天下午两点钟左右，连队却获得了电话通知——人已死亡！

全连哗然。

第三天，师卫生院和团卫生所的医生们赶到我们七连，与连队党支部成员们一起召开了紧急会议，宣布了师部命令——对我们七连实行医疗戒严。

于是我第一次知道了一种疫病叫“出血热”。

于是不再批准一切人的探亲假；不准七连人到任何其他连队去；不准其他一切连队的人擅入我们七连营地；集体测体温、体检、发预防药片；大食堂里熬了几大锅中草药汤，人人都必须喝；体检主要是看舌、看眼睑、看前胸后背有无出血点……

至今为止，我对“出血热”并无太多知识，仅知是由一种有褐色条纹的鼠身上的一种叫“螨”的寄生虫传染给人的，类似跳蚤的一种寄生虫。

在当年，在北大荒，一旦有疫病病例出现，没有任何欺上瞒下的理由和必要。所以预防和控制起来倒也简单，令行禁止，使人人明白就是。何况，一个连队最多七八百口人，千口人以上的连队极少；连队与连队，最近的也相隔十几里，之间是三月末四月初的冰天雪地，按“非典”时期说法，“封闭”一个连队也容易得多。

当然也在全连队引起了巨大的恐慌。当疫情苗头发生，无论是哪些人构成的群众，要使完全没有恐慌是根本不懂得人的要求。有些上海知青也是被吓哭过的。但与“非典”相比，极为不同的是——人并不害怕人的传染，只害怕鼠。而鼠是可见的，不像“非典”病毒是不可见的。消灭鼠，就能有效防止“出血热”蔓延。人担心被人传染更是逻辑上的担心，即——万一你衣服上隐藏着一只从鼠身上跳到你身上的“螨”呢？万一它又从你身上跳到了我身上叮我一口呢？……

那一年“出血热”并没在我们营蔓延开来，据说全团共因“出血热”死亡四人。而刘文波排长的悼词，是我写的，是我在追悼会上读的，在一个霁雪纷纷的日子……

我也直面过人的死亡，在第二年。

我们七连指导员冯银平有一儿一女，女儿当年七八岁，因为肾病一直未上过学，否则该是我的一名学生。某天中午，我被人告诉快去冯指导员家，说他的小女儿要见“梁叔叔”。我到时，卫生所的戴医生已在，正给那女孩儿输液。她的母亲握着她一只手，以无限爱意的目光注视着她。当时她昏迷着。几分钟后睁开了双眼，看着我问:“如果我病好了，可以上学吗？”我说当然可以，她就笑了，转对她的母亲说:“我想吃梨罐头……”

我跑到小卖部买回罐头时，她又昏迷了。十几分钟后再次醒来时，目光恋恋地环视着她的母亲、戴医生和我，而且眼睛非常的明亮。

戴医生悄语:“是回光返照。”

她母亲吻了她的额一下，说:“乖女儿，梁叔叔给你买回梨罐头了。”

她微微张开了嘴……

于是我捧着罐头，她的母亲用小勺喂她。她眼望着我和她母亲，喝了两勺汁，吃了一小块梨。之后，仿佛咽了，缓缓合上了双眼……

那是我自出生以来，第一次最近距离眼看一个人的死。只觉一个人的死太令活着的人伤心，并没觉得死有多么可怕。也许，是因那女孩死得那么平静吧，一点儿痛苦的现象也没有，像睡着了……

三年后我初次体会了被隔离的滋味。

那是一九七四年九月份，我进入了复旦大学。第二天在学校医务室进行体检，四天后我被通知转氨酶一百六十以上。也就是说我患了肝炎，当年上海的病理指标是四十以下为正常。细想起来我是知青时毫无传染病常识，我的两名最好的知青伙伴都是肝炎患者，而我依然天天和他们吃一个饭盒的菜，还常喝一个杯里的水。以为自己身体那么棒，无知到不相信传染病可以传染的地步……

当天我被“送”进了复旦大学的肝病同学隔离病房，在校卫生所的二楼。一被隔离，四个月没出来过。后来又转上海虹桥传染病医院，住院两个多月。总而言之，第一个学期我一天课也没上。我出院时，已放寒假了。在虹桥医院，有天听说死了一名空军上尉。住院时和我们轻病人一样，只不过单项转氨酶高，但不久病情不可逆转地加重，死于肝腹水……

我这个人，一过五十岁生日，对生死之事已殊能看透。我的肝脏已开始硬化。患病三十余年了，又从未怎么调养过，不硬化倒是奇迹了。我的胃病也大为不妙。父亲死于胃癌，而我早在五年前已检查出了胃肠化增生。去年，再次被北京肿瘤医院确诊，而且胃部出现了两处器质性凸起，我也并不怎么太过在意。因为不可能五十岁时就什么工作也不做了，从此看病，养病……

但，我想老老实实地承认，尽管有了以上那些经历，也视病、老、死为寻常事，北京“非典”猖獗之时，我还是在一个时期里感受过了根本不曾感受过的心理压力……

二

在开全国“两会”时，我从广东代表的提案中，读到了一份《关于建立我国应对突发事件措施法案》的提案。我都不知那提案是针对什么事的。我所在的几个组，广东代表多，却从未听谁说过“非典”

二字。现在想来，那份文字极为含蓄的提案，显然是因广州的“非典”疫情而动意的。遗憾的是，在“两会”中并未引起什么关注和重视。

我在“两会”期间发过烧。发着烧坚持开会，发着烧还赶回学校给学生上了两次课。直至“两会”结束，发烧未退，继而烧到三十九度以上。那天，在家里从中午一直昏睡到下午六点多。小阿姨惴惴不安，连续几天按妻子的嘱咐监督我服板蓝根、双黄连药液。她们倒从民间听说了一些关于“非典”的信息，可我仍一无所知。她们怕我不安，却不告诉我，私下里决定了，倘我再烧两天，就要送我去医院检查是不是“非典”了。幸而，当时只不过是感冒……

那些日子我只关心伊拉克战事了。每天看电视看到很晚。那些日子，伊拉克战事也是各电视台的焦点和热播新闻。直至有一天，我看香港的《凤凰卫视》电视台的伊拉克战事专题新闻时，不经意间，发现屏幕下打出的最后一条字幕竟是——“又据本台记者了解到，广州‘非典’疫病传染状况严重，已使十余名医护人员染病。而有可靠消息证明，北京的情况也甚堪忧，引起世卫组织密切关注。”

我记得非常清楚，那是四月一日晚。此前我对“非典”二字，闻所未闻。四月二日上午，我给校方打电话，建议紧急采取校园内严格消毒措施，并向学生进行预防宣讲。第二天校方答复，消毒措施早已在我提醒之前做着了。至于当否向学生进行预防宣讲，尚未接到有关方面通知。七日是我的选修课，我在课堂上向学生做了种种提醒。后来有报上就北京的“非典”情况辟谣，我无法断定自己是否是信谣了，不复再对校方提醒什么。十四日再上课，我自信自己所获各方消息不会全无根据，于是擅自宣布停课两周。回家后一想，身为教师，尽管我的动机是良好的，但其实并无权停课，于是通知学生，二十一日照常上课。那一天，学校开始实行了“半封闭”管理，给教师和学生发了口罩。也正是在那一天，北京“非典”疫情的真实情况，才开始见诸媒体。下一个星期一（即四月二十八日）的课我竟没上成，因为学校发现了一名疑似病例，是学生。于是不少同学和老师于二十六日在校内被隔离观察，包括我全部的选修班学生。

五月三日早晨，我散步回家，心想久未锻炼了，于是不乘电梯，而登十三级楼阶。至半，气喘吁吁，接连吸了几大口楼梯间的不洁空气。一入家门，顿感嗓子灼热。五月四日我到教育电视台做节目。共同座谈的是清华的学生会主席和团委书记，主持人是广播学院的女生，还在文艺部与电视台的多人握手、近距离交谈；第二天上午《中国财经报》主编秦晓鹰到家中议事；下午北京紫禁城影视公司的制片人刘沙也到家中议事；隔日还去了民盟中央、民盟北京市委，到学校去交了一份简历……傍晚，呼吸困难；至夜，胸口憋闷得双唇发紫，喘不上气来，咳也无济于事。且不敢大声咳，唯恐惊醒家中包括阿姨在内的另外三口。到处找药，家中任何一种治呼吸道和肺的药都没有……

我想我肯定是被细菌感染患了急性气管炎，也许还导致了肺炎。

但如果我的自我判断错了呢？

如果我不知怎么患了“非典”了呢？

那么，我当时估算了一下，受我之牵连而被隔离观察者，约三十余人；倘他们每人再“株连”三四人，那么我将“负罪”于百余人了。两幢居民住宅楼将被“封闭隔离”也将是铁定之事了——一是我们儿童电影制片厂的宿舍；一是我家在附近另一小区的宿舍。因为此前我两处都住过。

急性气管炎抑或肺炎与“非典”在症状上太难分清。

我要到医院去吗？

如果我去了，被以“疑非”收治了，那几乎是不消说之事；那么将会引起多少人多少单位的恐慌?

而如果我不去，并且真的患了“非典”，那么我对家人、友人、邻里和他人的责任安在?

我活到五十余岁，还从未被如此之大之严峻的一种责任所纠缠。去医院? 还是不去医院?

我已经根本不从自己怎样去考虑了，完全被那一种责任网住了。

那些日子我对自我判断只剩下了一条硬现象可依——就是发烧不发烧；我密切关注电视或报上关于“非典”的一切专家忠告是否出现这样的一条，即——“非典”也有可能根本不发烧而呼吸系统症状显明。

我一日数次自测体温一直正常。

多数专家说还没有发现一例不发烧而呼吸系统症状显明的病例。

于是我心稍安。

然夜里还是胸部憋闷得难以入睡。

我给自行车打足了气，决定只要有一次体温超过三十七点八度即骑了去医院。

后来有专家又在电视里说——很可能也有不发烧的少数病例；报上也登出，世卫组织认为，仅仅以发烧不发烧来判断“非典”，极易误诊。

我也决定，只要报道了一例不发烧的“非典”病例，我也要去医院。那些日子其实我想去医院看病也看不成，我的合同医院，北京的一所大医院已受“非典”病毒严重污染，处于自我消毒和封闭时期……

从药店买回的三种药服了都不见效。

直至有一天，民盟中央的副主席张大姐关心地考虑到我一向体弱，免疫力低，派车送来了一小瓶新研制的“抗生素”喷雾剂，夜里喷之，顿觉憋闷缓减。于是自信——我肯定并没感染“非典”。真感染上了，哪儿那么容易药到病除的呢？看来，那一种“抗生素”后来虽被专家认为并不能预防和医治“非典”，但对于一般性呼吸道的细菌感染，似乎是速效药。

大约八九天后，我的急性气管炎症状才渐渐消失。好在那八九天里，我因学生们被“隔离”了不必去上课，也再不接触任何人。

由而，我特别体恤和同情那些不幸感染了“非典”的人。他们中的病亡者，皆窒息而死。我想，那肯定是极痛苦的一种死。我仅仅患了急性气管炎，夜里就憋闷得难以入睡，恨不得扒开自己胸膛才呼吸得舒畅些；他们临死之前，该受一番多么痛苦的折磨啊！当然的，也由而特别特别崇敬那些战斗在抗击“非典”第一线，舍生忘死救治患者的医护人员。对于北京人而言，在“非典”猖虐时期，他们真的仿佛天使！

而我自己，对于究竟什么叫责任，有了新的认识。当人真的明白着一种责任，却觉左也不妥，右也不妥时；当那责任牵连着太多别人的安危时，它是令人敬畏的。

在它面前，我也明白了我自己真真实实的另一面；尽管不曾完全的乱了方寸，却曾多么的害怕它啊！

说到底，有些人害怕罪过感甚于怕死。我属于这种人之一。因为我生平还未因任何事牵连过任何人，从来奉行大丈夫一人做事一人担的做人原则。而“非典”一旦患上了，却是任谁一人都担不了的，牵连许许多多的人几乎是必然的……

三

现在，北京的“非典”疫情已被有效控制。北京人的生活正一天天恢复正常，“非典”疫情正一天天弱下去。尽管，不一定哪一天它还会卷土重来，但中国人已积累了一些应对之的宝贵经验。它是用教训换来的，也是用许多人的生命换来的。

我不想谈什么所谓“后非典”时期的生活方式的改变。我相信人们会比从前注意卫生习惯，相信滥食野生动物的现象会减少，却不太相信公款吃喝会减少。我认为不久那现象便又会卷土重来，“非典”不可能是相对于廉政的猛药。曾是，也只能是一时的。

我自己也不再一天用流水洗那么多次手。北京人口众多，水资源宝贵。动辄流水洗手，一洗洗两遍，洗半分钟，只怕长此以往，北京的民用水就会告急了。我以后见到了朋友，也不可能只抱拳，不握手。

我不认为“非典”会在许多方面改变了我们的生活，我认为它只会在很少的方面改变了我们的生活。

我尤其认为，总结教训是多么的重要。而一切教训，最深刻的那些，皆与某些人士头脑之中的政治理念相关着。

我从时任胡锦涛总书记、温家宝总理、吴仪副总理身上，看到了中国崭新一页政治的开始，我叫它“人文政治”的时代。

中国人近年说写“人文”二字的时候特多。多到了连厕所也和“人文”胡乱扯到一起的程度。

而我认为，中国之政治，最当先于其他一切方面“人文”性质起来。“人文政治”当是以人为本，为人“治政”的政治；而不应是反过来，要求一切人在一切时候服从政治需要的政治。“人文政治”，才是与时俱进的政治理念。才是体现政治文明的政治。否则，不是。

是的，我认为我绝对清醒地看到了这一种政治时期的开始；这一种政治时期的开始，无疑将对中国一大批官员是一种检验——检验他们是否能适应与时俱进的中国，是否配做人民的好公仆！……

2003 年 6 月 6 日于京

落叶赋

我曾写过些短文，或记某事，或忆某人，大抵并非虚构。好比拾一片叶子夹在书中，目的不在于作书笺，而在于长久保存住它。我皆可讲出在什么地方，什么时候，为什么在一片落叶之中偏偏拾起某一片。它们常使我感到，生活原本处处有温馨。哪怕仅仅为了回报生活对我的这一种慷慨赠予，我也应将邪恶剔出灵魂以外。如剔出扎在手指上的刺，或抖落爬到身上的毛虫。

一九七七年我刚在大学毕业分配到北影时，体质很弱，又瘦又憔悴。肝脏病、胃溃疡、心动过速和严重的神经衰弱，使我终日无精打采。我心情沮丧之极，仿佛患了忧郁症似的，每每顾影自怜。

友人们劝我必须加强身体锻炼，我自己也这么认为。于是每天清晨跑步。先在厂内跑一圈，后来跑出厂去，跑至“北航”校门前绕回来。祛病心切，结果适得其反。

又有友人建议我学太极拳。

我问跟谁学。

他说：“这还用专门拜师么？咱们北影院墙外的小树林里，不是有许多天天在那儿打太极拳的老人？”

于是我每天清晨再跑步，开始光顾那一片小树林。那里，柿树的叶子很美的，正值夏末秋初季节，它们的主体依然是绿色的，但分明的，已由翠绿变得墨绿了。那一种墨绿，绿得庄重，绿得深沉。它们的边缘，却已变黄了。黄得鲜艳，黄得烂漫，宛若镀金。墨绿金黄的一枚叶子，简直就像一件小工艺品。如此这般的蔽空一片，令人赏心悦目，胸襟为之顿开，为之清爽。

在那林中徐旋缓转，轻舒猿臂，稳移鹤步的，全是老人。几乎没有一个四十岁以下的人。使二十七八岁的我觉得自卑，觉得窘迫，觉得手足无措，怕笨拙生硬的举动，会使自己显得滑稽可笑。

我躲在林子的最边儿，占据了几棵树之间的狭小空地，顾左右而暗效之。我觉得一个瘦小的老头儿最该是我的楷模。他的套数很娴熟，动作姿态极为优美。一举手一投足，好比是在舞蹈，我却很难跟上他的套数。多日后，连“抱球”“摸鱼”这样的基本动作，还模仿得不成样子。

一天那老头儿走向我的“绿地”。瘦小的老头儿一副形销骨立的样子，仿佛衣裤内已没有什么很实在的内容。一阵旋风，足以将他裹卷上天空，起码刮到新街口去似的。但他两眼却炯炯有神，目光矍铄，而且透露着近乎冷峻的镇定。他仿佛功夫片的老侠士，面临决死的挑战，毫无惧色，执念一搏。

他本已做完了一套。走到离我四五步远处，站定，转身，重做。前推后抱，左五右六，很慢很慢，慢得似电影的慢镜头。我不失时机跟着学做了一遍。之后他回身笑问：“刚开始学？”我不好意思地说：“是的。看别人做得挺容易，自己真学起来却怪难的。都不想学了。”他说：“别不想学了啊，今后就跟我学吧！我天天来这儿。”“那太好了！”——我喜出望外。他上下打量我片刻，又问：“你有病？”我已将他视为师傅，如实告诉他我有些什么病。他说：“人往往有病之后，才开始珍惜身体，锻炼身体。年轻的，年老的，大多数人都这样，我自己也是。不过你那几种病，不是什么难治的病。生活要有规律，饮食也要有规律。要遵照医嘱服药，再加上坚持锻炼，我保你半年之后就会健康起来的。你年纪轻轻的，身体这么弱，将来怎么成？一个身体不好的人，会觉得连生活也没意思的。”

他说的这些话，别人也对我说过。我常认为是些廉价的安慰之言，但经由这位“师傅”口中说出，似别有一番说服力，另有一番真诚在内。

我诺诺连声，从内心里对他产生了恭敬。

他说：“初学乍练的人，都有些不好意思。尤其你们年轻人，好像一比画起太极拳来，就自己将自己归入老人之列了似的。你跟我学，首先要克服这种心理。太极拳有好几套，不同套数对不同的病有间接的疗效作用。从明天起，我要教你一种适合于你的套数。”

我非常感激这一位素昧平生的老人对我的一份儿真诚和良苦用心。同是体弱人，同病相怜之情油然而生。我犹豫一阵，还是忍不住问：“老人家，那您有什么病呢？”“我吗？”他又微笑了，以一种又淡泊又诙谐的口吻说：“我的病，和你的病比起来，就大不一样了！甚至可以被医生，被别人，也被我自己认为根本就没有病了。我之所以还天天来这里，是因为除了你，还有不少人希望跟我学，希望得到我的指导呵。”

他颇得意。那是一种什么怪病？大概也就是神经失调之类的病吧？难怪他对自己的病并不太以为然，挺乐观的了。初识，我未再冒昧问什么。第二天我醒晚了。睁开眼看表，已七点半多。慵慵懒懒地不起床，心想那老头儿，未必会在小树林里等我。不过几句话的交谈，谁那么认真地当“师傅”？可心里总归有些不安定，万一人家真在等着呐？终于还是起了床，去到了小树林。小树林里已经只有一个人。那位老人，他居然真的在等我。这老头儿！也未免太认真了！我很羞愧，欲编个理由，解释几句！不待我开口，他便说："跟我学吧！"于是他在前，我在后，做了一套与昨天完全不同的太极拳。之后，我做，他从旁观看，指点，口述套数，不厌其烦一遍一遍示范。甚至摆布我的腿臂，以达到他所要求的准确性，做得好时还不时鼓励几句。好像我将代表中国去参加亚运会或奥运会，而他是我的教练，希望我一举夺魁，获冠军得金牌。

分手时，他说："练太极拳，讲究呼吸吐纳之功，清晨空气清新，有益于净化脏腑。又讲究心静、眼静、神静、到了现在这时候，满街车水马龙的，噪音大，空气污浊了，练也无益，反而对身体有害，对不对？"

他一点儿也没有批评我的意思，只不过认为，向我讲明白这些，乃是他的责任。我羞愧难当，连说："对，对！"他又说："我这个人哪，有三种事最容易使我伤感：一是我养的花儿死了。二是我养的鱼死了。三是看到年轻人病病弱弱的，却还不注意锻炼，增强体质，也不善于锻炼，不知道如何增强体质。你们年轻人将来是咱们中国的主人啊！这不是空洞的大道理。身体不好，于自己，于家庭，于工作和事业，于民族和国家，都无利。明天见。"

他说完，就头也不回地匆匆走了。以后我特意买了个小闹钟，再也没让他等过我。一个多月后，我已动作很自信，姿势很准确了。有些初学者，也开始羡慕地望着我了。每每的，当我停止，便会发现，身后有些人在跟着我学。而那老人，到树林深处，去带去教另一批"学生"了。那时气功还没成为"热"，也没像现在这般普及，健身的人们，都热衷于太极拳。

柿树的叶子，那一抹金边儿，黄得更深，更烂漫了。实际上，每一片叶子，其主体基本已是金黄色了。仅剩与叶柄相近的那一部分还是墨绿的。倘形容一个月前的叶子，如碧玉，被精工巧匠镶了色彩对比赏心悦目的金黄，那么此时的叶子，仿佛每一片都是用金铂百砸千锤而成，并且嵌上了一个颗墨绿的珠宝。这样的万千美丽的叶子，无风时刻，在晴朗天空的衬托下，在阳光的照耀下，如一幅足以使人凝住目光的油画。一幅出自大师之手的点彩派油画。有风抚过，万千叶子抖瑟不止，金黄墨闪耀生辉，涌动成一片奇妙的半空彩波，令人产生诗情思。而雨天里，乳雾笼罩之中，则更是另一番幽寂清郁了……

不久我感到小树林中缺少了什么，缺少了一身褪色的紫红运动衣，那老人每天穿的正是那样一套运动衣。美好的小树林中缺少了那老人的身姿，于我，似乎缺少了美好的一部分，缺少了对美好的体会。一天、两天、三天，接连许多天，他一直没再来到小树林里。我向别人询问，都说认识他，甚至说太熟悉他了。只是没一个人说得出他的名字，家住哪里。人们对于他又几乎一无所知，我也是。然而我想他必定还会来，也不过只是向人们问问而已。大约又过了半个月。树叶全黄了，由金黄而橘黄。那一种泛红的橘黄，证明秋之魅力足以与夏比美。每一个领略到这种美的人，骑车的也罢，步行也罢，常会边望边走；或不禁驻足观赏，翔立冥思。年轻人，尤其年轻的情侣们，开始出现在小树林里，摆出各种美的或自以为美的姿态照相了。

树上，泛红的橘黄的叶隙间，隐约可见一个个绿果——虽长得够大了还没经霜的柿子。一场秋雨后，大部分树叶落了。我仍每天到小树林去习太极拳。我的坚持不懈，也是为着希望再见到那老人一面。又一天，小树林里出现了一位姑娘。她不像是来锻炼的。分明是来寻找人的。我的年龄最轻，她一发现我，就朝我走来。“请问。您认识一位穿紫红色运动衣，身材瘦小，以前每天来这里打太极拳的老人么？”待我做完全套动作，收稳脚步，她这么问。我说：“认识呀！我跟他学的。他该算我师傅呢！”“我是他女儿。他嘱咐我，一定要将这个亲自交给你。这是他在床上写的画的，希望你今后也能带别人教别人。”那是一套自己装订的太极拳图。图旁，细小而工整的毛笔字，注了行行说明。那当然并非什么秘籍，不过是供人初学的自编“教材”。“你父亲他怎么这么多天没来？这儿除了我，还有许多认识他的人。我们常在一起谈到他，都挺想他的。”“他去世了。前天去世的。他患的是骨癌，检查出已经晚期了，扩散了。”“什么……什么时候？”“半年前。我父亲让我嘱咐你。千万不要告诉认识他的其他人。他知道有些人也患着同样病，对那些人精神乐观很重要。他希望你转告其他人，就说他病彻底好了，身体很健朗，回老家住去了。”望着她离去的背影，我一时呆住了。我照那姑娘的话，照她父亲的嘱咐和希望做了。凡说认识他熟悉他的人，皆从他“康复”的“事实”获得了极大的鼓舞、极大的信念。

如今，在各个地方，练气功的人多了，打太极拳的人少了，每当望见他们，我便想起了那一位瘦小的穿一身褪了色的紫红运动衣的老人。我的记忆中，便又多了一片“叶子”。我写此事时，内心里油然充满了对人对生活的温馨。正是这一点，使我的心灵获得有益滋补，使我的心灵比身体要健康得多。

禅机可无，灵犀当有

不久前，我和作家柯云路应出版社的要求，自北京始，取道南京、上海、杭州、武汉、西安签名售书，历时十四天。

我正为中国电视剧制作中心创作连续电视剧《同龄人》，十四天对我来说是极其宝贵的时间，不情愿得很。而且，我一向认为，好的作家，只将自己认真耕耘的书稿经由出版社交付社会就是了，大可不必连自己也一并热热闹闹地交付出去，仿佛用自己给自己的书做广告似的。但是时下，签名售书不仅已成了一种时髦，简直进而成了作家对出版社对书店以及对读者的一种义务。既然已经是义务了，也就无论以什么理由拒绝都会显得不礼貌了，也就只有识时务而从之的份儿了……

我在南京签名售书时，桌前曾一度拥挤，一中年妇女向我提出请求："把我名字也写上吧！"我看了她一眼说："对不起，不写了，我看后边排了那么多人！"她还想争取，被后边的人挤了开去……后来一本我已签过了的书又摆在了我面前。我困惑地说："这一本我不是签过了吗！"它的主人说："为了能请您签上我的名字，我又排了一次队。这总可以了吧？"我抬头一看，是刚才那位妇女。我不忍再拒绝，问："你叫什么名字？"她说："我叫林晓婷……"我问：

“哪一个‘婷’字？”她说：“女字旁加一个街亭的亭……”直至我签上了“林晓婷同志惠存”几个字，她才心满意足地持书而去……

那一天我还碰得了中学时期教过我政治的一位女教师。她很激动，眼眶湿了。我也很激动，但又不可能和教师长谈，只能嘱咐书店的同志，将她买书的钱退给她，签名活动后我交钱，我不愿让我的中学教师买我的书，我要赠她我的书……晚上，陪同我们的花城出版社的阎少卿同志交给了我一张纸条。我展开看，只写着这样几行字：

晓声同志：

多年不通信了。不知你一向可好。也不知你以前的病怎么样？得知您签名售书的消息，我特别向单位请了一次假。我已有了自己的小窝儿，并且有了一个可爱的小女儿，已经三岁了……

祝您创作丰收！

林晓婷

倏地我想了起来——她是十年前很喜欢读我的小说的一位读者。当年她每读我一篇小说都差不多要写给我一封信。有时写得很长。对于我写得不好的小说，或虽不失为好小说但写得不好的地方，指出得比批评家们还坦率，一矢中的。仿佛她是我写作方面的一位严师……

一位作家能拥有这样的一位读者真是一种幸运。至今我对写作绝不敢产生哪怕一点儿漫不经心，不能不承认因为我心中常有她那样的读者似乎时时要求着我……后来我们在南京见过一二面，我是“高高在上”的讲座者，她是普普通通的一名文学女青年，一名听众……再后来随着时间的流逝，她从我的读者中、信中消失了……而十年后的今天，我们面对面的时刻，我竟“眈眈相视不识君”。我好懊恼。懊恼我没能一眼便认出她，还要问她的名字是哪个“婷”……尽管那纸条上留下了她单位的电话号码，但斯时她的单位肯定已下班无人……第二天我一早便离开了南京，将那份懊恼以及内疚带到了上海，带到了杭州、武汉和西安，一直带回了北京……当年的读者来信我早已不保存了。实在地说我已忘了她的工作单位，只记得她是从医的。我给南京电视台的朋友写了封信，抄了她的电话号码和我家的电话号码。嘱咐朋友替我多多问候她，并欢迎她有机会来北京时，到我家里做客……

在西安，同样是签名案前拥挤的时刻，花城出版社的阎少卿同志挤入人墙，将一本书说——“先签这一本，先签这一本，一位残疾女青年摇着轮椅来买你的书……”

争先恐后塞到我面前的书，一本本地又从我面前移开了，使我得以先签了那一本书……

倏忽间我想到——她从多远的地方赶来购书呢？如果很远，我是否应多给她一份满足呢？为了能够确实对得起她摇着轮椅车而来……

我放下笔对人们说：“请大家耐心略等一会儿，我要去看看那青年……”

人们默默从签名案前闪开了。那一刹那我从人们脸读到了两个字是——理解。

我绕出柜台走到了那坐在轮椅上，只能远远观望签名情形的文学女青年跟前。

她说：“谢谢你为我签名。”

我说：“谢谢你买这一本书。”她在西安画院工作，画工笔花鸟画……

我见她似乎欲言又止的样子，主动说：“如果你高兴的话，我们合一张影吧？”

她说：“我心里正这么想，可不好意思开口……”说着要从轮椅上站起来……

我急忙扶她坐下，请一位记者替我们照了一张相。过后我悄悄嘱咐那位记者：“不一定要寄给我，但是别忘了一定寄给她一张……”

我并不以为自己是名人。在今天一位作家若这么以为，是荒唐可笑的。某些作家也会这么说，但骨子里那份妄自尊大，是非常讨嫌的。他们或她们有时无视别人对自己的哪怕一点小小的企望，仿佛在大大的名人眼里普通人是根本不必费神予以理睬的。不但讨嫌而且思想浅薄。我因我能那样做，首先自己愉快，如今开口闭口玄谈禅机的人是越来越多了，因为已经成了一种时髦。我自忖与禅或道或儒什么的是无缘的，而且不齿于永做凡夫俗子。凡夫俗子就该有点凡夫俗子的样子。禅机可无，灵犀当有——那就是对人的理解，对人间真诚的尊重。这一种真诚的确是在生活中随时随处可能存在的，它是人心中的一种“维生素”。有时我百思不得其解，社会越文明，人心对真诚的感应当越细腻才是，为什么反而越来越麻木不仁了呢？那么一种普遍的巨大的麻木有时呈现出令人震惊的状态来。也许有人以为那一种真诚是琐碎的。可是倘若琐碎人生里再无了“琐碎”的真诚，岂非只剩下了渣滓似的琐碎了么？诚然几本书并不可能就使谁的人生真的变得不琐碎。作如是想除了妄自尊大，还包含有自欺欺人……

返回北京途中，小阎说：“五个城市签下来，你一共大概签了一千五六百本！”我笑笑说：“也许吧。”我问他是否感到是一种损失？他说并不，他说收获很大，收获到了别样的不曾预想过的……

我相信他说的是真心话，于是我们的手互握了一下。

在有的城市，书店的同志不免会在我耳畔低声催促：“快点儿签，日期用阿拉伯数字签就行……”

我那样签了几本，但绝大多数并不用阿拉伯数字。而且签得极认真。尽量将名字写清楚。有一次购书者听到了书店同志的话，抗议起来：“别催他！我们有耐心！”

我以为“耐心”二字颇堪咀嚼，虔诚是需要一点儿耐心去换取的。于我于读者于生活中一切人，该都是这样吧？

第三章

由万物而其他

戴橘色套袖的人

是的，他当然属于“环卫工人”中的一员。但他又肯定的没有北京户口，肯定的不属于工薪阶层。肯定的，在北京并没有家，在其他城市想必也没有家。分明的，他是一个中年农民。他从哪儿来呢？他在农村的那个家，生活状况如何呢？显然是很贫穷的。可究竟会贫穷到什么程度呢？他在北京栖身于一处什么样的地方呢？他的工作能使他每月挣多少钱呢？这些，在他活着的时候，都是我所不知道的。我是隔着我家北屋的窗子“认识”他的。那窗对着元大都古城垣的墟址。十几米宽的小街，每日上午七点至九点是早市。公休日延至十点半。自从有了早市，古城垣那道风景便受着严重的“白色污染”了。肮脏的塑料袋儿触目皆是。一入冬季，挂满光秃秃的树枝，仿佛挂着一片片肮脏的棉团。而自从有了他，那个戴橘色套袖的人，风景才又是风景了。

我第一次隔窗望见他时，他正一动不动地蜷缩在土岗的凹处。那一天很冷，北风在小街上空呼啸。摆摊儿的小贩不多，逛早市的人也不多。两种人都穿得很厚，他却穿得挺单薄。蜷缩在那儿，怀搂着塞垃圾的麻袋，像搂着一个孩子，袖着双手。

妻说：“外边太冷了。昨晚天气预报今天零下八九度呢！我不出去买早点了，把米饭热成粥，对付吃点儿算了。”见我没话，又说：“一早晨你站在窗前发的什么呆呀？”我将妻招到身旁，指着说：“你看，那人是不是已经冻死了啊？”

忽然又一阵风啸过，几只肮脏的塑料袋儿被旋上了天空。那看去似乎已经冻死了的人活了，站了起来，仰起头望那几只在空中飘飞的塑料袋儿。风一停，塑料袋儿一落地，他便追逐了过去。他用一根一米多长的，一端尖锐的竹竿，一一插住那些肮脏的塑料袋儿，捋进麻袋里去。有几只塑料袋儿挂在很高的树枝上，他就举着竹竿，蹦起来钩，那样也没能钩下来。但他并不离去，仰望着在树下想主意，仿佛是一头企图吃到嫩叶的瘦羊。后来他登上了土岗，凭借着土岗的高度飞身一跃，凌空之际同时举着手中的竹竿。他钩下了一只塑料袋儿，自己重重地摔在地上。他连摔了几次，挂在树上的塑料袋儿全钩下来了……

我望着，心想，这人太认真了啊！进而又想，也许他只有靠他这股认真劲儿，才能较长久地保住他这份儿“职业”吧？

他很敬业地做完他该做的事儿，就又蜷缩到那凹处去了……

以后，我在写作时驻笔凝思时，常不禁地隔窗望他。有时他蜷缩在那凹处晒太阳，有时不在那儿。不在时，肯定是满公园转着清除污染去了……

有一天我隔窗见他用一柄小铲子铲那凹处，直至将那凹处铲出椅背和椅座的形状……

有一天我见他捡了个纸板箱，拆开来，垫他的“椅座”，挡他的“椅背”。他坐下去试了试，似乎觉得很舒服，很满意……

有一天更冷，我见他在他的“专座”前燃了一小堆火，蹲在那儿取暖。火熄了，又在炭热中拨拨拉拉地烤红薯和鸡蛋，红薯和鸡蛋都是他捡的。小贩们常将烂了一半儿的红薯或破了壳卖不出去的鸡蛋挑出来扔到土岗上。我望见他捡过……

有一天我见几个小伙子在土岗上溜达。他们在他的“专座”那儿站住，议论些什么，接着便一齐往他的“专座”上撒尿。他们嘻嘻哈哈地离去后，他走来了。我见他伫立在他的“专座”前发呆。片刻，他捡起那些纸板，折了几折，塞进了麻袋。

那一天他铲毁他经常晒太阳的“专座”……

第二天我见在那儿的一棵大树的树干上，钉了一块纸板。纸板上歪歪扭扭地写着几个醒目的粉笔字是——“比处‘今只’大小便！”总共七个字中错了三个字，招惹得一些逛早市的人指指点点地笑……

那一天他在我隔窗所望的视域内消失了。

那一天妻下班后，翻出了一些旧衣服，说单位又号召职工捐献了。我让她留下一件我曾穿过的棉大衣，打算送给那戴橘色套袖的人……

我没能将那件旧棉大衣送给他，因为一个同样是农村来的小伙子顶替了他。我问小伙子他哪儿去了？小伙子说他死了。“怎么……怎么就会死了呢？……”“他得癌症好多年了。他能活到前几天，全靠心中有个愿望撑着啊！……”“什么……愿望？……”“还能是什么愿望？想多带回家点儿钱，盖房子，和供他小女儿上中学呗！……”“他……一个月挣多少钱？”“每天十元钱。少干一天，少挣一天的钱，我也是。省着吃，每月也只不过能剩一百多。和如今城市里下岗的工人一比，我们这些农村来的人，也就知足了。”“你们，白天在这儿没有休息的地方？”“想在哪儿歇会儿，就往那儿一坐一缩呗！”“你这套袖，是他戴过的？”小伙子默默点了点头……我将我那件旧棉大衣给了小伙子。那一天，《中华读书报》的女编辑杨颖来向我约稿，不知怎么，我们谈到了“精神家园”这个话题。

我说：“现在，中国的文化人们，总在那儿喋喋不休地大谈什么

‘精神家园’，而我，只要一从报刊上看到这四个字，非但不觉得温馨，反而如酷暑之季中寒，感到周身发冷。”

她说：“你为什么会这样呢？那难道不是很时髦的话语吗？”

我说：“是的，很时髦。时髦的话语，总是难免使人听出矫情的意味儿的。如果‘精神家园’只不过就是文人的大小书斋，‘精神追求’只不过就是读经、读史、读哲、读诸子、读圣贤，吟诗自悦，行文自赏，自我尊崇，那么其实没谁进入文人的‘精神家园’，作奋勇抵抗之状是可笑的。起码没人敢闯入文人的书斋，往文人的椅子上撒尿。如果‘精神家园’非指文人的大小书斋，‘精神追求’非指对安逸的书斋生活的过分向往和沉迷，‘精神支柱’也非是‘万般皆下品，唯有读书高’的意思，那么我想，许多根本不读文人爱读的那类书的人，其实也是有他们的‘精神家园’，‘精神追求’和‘精神支柱’的。否则他们觉得没法儿活下去的苦闷，我想一定是远甚于文人们的。只不过他们天生不像文人们那么喜欢自我标榜地喋喋不休罢了。而还存在着不少这样的人——他们连起码的物质的家园也谈不上有。他们明白读书是很好的事，但他们忧愁的是自己的儿女根本上不起学。一个患了癌症的人不得不背井离乡，只为每个月挣很少的一点儿钱寄回家乡盖房子供女儿上学，这不靠一种‘精神支柱’撑持着行吗？你能说他们的所求不是追求吗？你能彻底分得清他们那一种追求究竟是精神的还是物质的吗？文人有资格在内心里暗自轻蔑和嘲笑他们的追求不如自己的追求高雅吗？所以，据我想来，文人尽可以恪守自己喜欢的生活方式，但若太过分的自我赞美了，则就不但矫情，而且有些讨嫌了。归根结底，文人的‘家园’，也首先是物质组合的。其次才是精神质量的。这精神质量建筑在文人的‘家园’的物质基础之上。这是文人心里比任何非文人的人都更清楚的。所以，我们文人别让非文人的人讨嫌。所以，我从不就文人的‘精神家园’四个字写什么，实在是不愿置自己于被讨嫌的境地。”

杨颖困惑地看着我，不知我为何大发不合时宜之议论。

于是我引她至我家北屋窗前，指着元大都城垣的墟址上那曾被铲出椅状的凹处，向她讲那个我再也望不见了的，戴橘色套袖的人，敬“业”敬职地还那道风景以清洁的人……

同时我想——文人和文人的物质的以及精神的家园，若同他人的生活现状，他人的命运，他人的苦闷忧愁，他人对物质的以及精神的家园的向往与追求被隔开，其实是多么简单的事啊！

简单得只消一扇单窗就够了。

这不知是文人的幸运，还是文人的不幸……

咪妮与巴特

我家所住的院子，临街有一处很大的门洞，终年被两扇对开的铁栅栏门封着。左边那一扇大门上，另有小门供人出入。但不论出者入者，须上下十来级台阶。小门旁，从早到晚有一名保安值勤，看去还是个半大孩子，一脸稚气未褪。

我第一次见到咪妮，是在去年夏天的一个中午；它“岿然不动”地蹲在小保安脚边，沐浴着阳光，漂亮得如同工艺品。它的脸是白色的，自额、眼以上，黄白相间的条纹布满全身，尾巴从后向前盘着，环住爪，看去只有两三个月大。一点儿也不怕人，显得挺孤傲的，大睁着一双仿佛永远宠辱不惊的眼，居高临下地、平静地望着街景。猫的平静，那才叫平静呢。

我问小保安：“你养的？”他说：“我哪儿有心思养啊，是只小野猫。”

从楼里出来了一个背书包的女孩儿，她高兴地叫了声“咪妮！”旋即俯身爱抚，边说：“咪妮呀，好几天没见到你了。昨天夜里下那么大雨，你躲在哪儿啊？没挨淋吧？”小野猫仍一动不动，只眯了眯眼，表示它对人的爱抚其实蛮享受的。那女孩儿我熟识，她家和我家住同一楼层，上五年级了。我问：“你给它起的名字？”她“嗯”

一声，从书包里取出小塑料袋，内装着些猫粮；接着将猫粮倒在咪妮跟前，看它斯文地吃。我又问："既然这么喜欢，干吗不抱回家养着啊？"她的表情顿时变得失意了，小声说："妈妈不许，怕影响我学习。""多漂亮的小猫呀，模样太可爱了！"——不经意间，有位女士也站住在台阶前了。我和她也是认识的，她是某出版社的一位退休编辑，家住另一条街，常到这条街来买东西。女孩儿立刻说："阿姨，那您把它抱回家养着吧！"

连小保安也忍不住说："您要是把它抱回家养着，我替它给您鞠一躬！这小猫可有良心了，谁喂过它一次，一叫，它就会过去。"

退休的女编辑为难地说："可我家已经有一只了呀，而且也是捡的小野猫。"

于是他们三个的目光一齐望向我，我亦为难地说："几个月前，我家也收养了一只小野猫。"

于是我们四个的目光一齐望向咪妮，它吃饱了，又蹲在小保安脚边，不动声色，神态超然地继续望街景。给我的感觉是，作为一只猫，它似乎懂得自己应该是有尊严的。只要自己时时刻刻不失尊严，那么它和人的关系就接近着平等了。确乎的，它一点儿都不自卑，因为它没被抛弃过……

而和它相比，巴特分明是极其自卑的。

巴特是一条流浪街头的小狐犬，大概一岁多一点儿。小狐犬是长不了太大的，它的体重估计也就七八斤，一只大公鸡也能长到那么重。它的双耳其实比狐耳大，却不如狐耳那么尖那么秀气；全身都是白色的，只有鼻子是褐色的。小狐犬的样子介于狐和犬之间，说不上是一种漂亮的狗。它招人喜欢的方面是它的聪明，它的善解人意。

我第一次见到它，是在离我们这个社区不太远的一条马路的天桥上。我过天桥时，它在天桥上蹿来蹿去，一忽儿从这一端奔下去，一忽儿从那一端奔上来，眼中充满慌恐，偶尔发出令人心疼的哀鸣。奔得精疲力竭了，才终于在天桥上卧下，浑身发抖地望着我和另一个男人，我俩已驻足看它多时了。那男人告诉我——他亲眼所见，一个女人也就是它的主人，趁它在前边撒欢儿，坐入一辆小汽车溜了……

尽管我对它心生怜悯，但一想到家里已经养着一只小野猫了，遂打消了要将它抱回家去的闪念。我试图抚摸抚摸它，那起码足以平复一下它的惶恐心理，不料刚接近一步，它迅速站起，跑下了天桥……

从那一天起，它成了附近街上的流浪狗。有一个雨天，我撑伞去邮局寄信，又见到了它。它当时的情况太糟了，瘦得皮包骨，腹部完全凹下去，分明多日没吃过什么了。白色的毛快变成灰色的毛了，左肩胛还粘着一片泥巴，我猜或是被自行车轮撞了一下，或是被什么人踢了一脚。它摇摇晃晃地过街，不顾泥不顾水的。邮局对面有家包子铺，几名民工在塑料棚下吃包子，它分明想到棚下去寻找点儿吃的。如果不是饿极了，小狐犬断不会向陌生人聚拢的地方凑去的。然而它连走到那里的气力也没有了，四腿一软，倒在水洼中。我赶紧上前将它抱起，否则它会被过往车辆轧死。在我怀里，那小狗的身子抖个不停，比我在天桥上见到它那次抖得还剧烈。但凡有一点儿挣动之力，它是绝不会允许我抱它的，它眼中满是绝望。我去棚下买了一屉小包子给它吃——有我在眼前看着，它竟不敢吃。我将它放在一处安全的、不湿的地方，将装包子的塑料袋摊开在它嘴边，它却将头一偏。一名民工朝我喊："嗨，你守在那儿，它是不会吃的！"我起身离开数步，回头再看，它才狼吞虎咽地吃起来……

以后，只要我在街上看见它，总是要买点儿什么东西喂它。渐渐地，它对我比较信任了。有次吃完，跟着我走。一直将我送到我们那个院子的台阶前。“巴特”是我对它的叫法，我小时候养过一只狗就叫“巴特”。

某日，我在台阶上喂咪妮，巴特出现了。它蹿上台阶，与咪妮争食猫粮，咪妮吓得躲开。我说：“巴特，不许抢，一块儿吃。你看，有很多，够你吃的！”我的声音严厉了点儿，它居然退开，尽管很不情愿，并发出极低微的喉音，像小孩子委屈时的呢哝，扭头看我，眼神很困惑。当我将咪妮抱过来放在猫粮旁，巴特的头转向了一旁。那一时刻，这无家可归的可怜的流浪狗，表现出了一种令我肃然起敬的良好的教养，一种对于一条饥饿的小狗来说实在难能可贵的绅士风度。多好的小狗啊！我不禁想，这么听话这么乖的一条小狗，它的主人怎么就忍心将它抛弃了呢？我抚摸了它一下，又用温柔的语调说：“不是不允许你吃，是希望你谦让点儿。吃吧吃吧，你也吃吧！”它这才又将嘴巴伸向了猫粮。两个小家伙吃饱以后，并没马上分开，而是互相端详，试探地接近对方。当彼此都接受了，咪妮卧在小保安脚边，一下一下舔自己的毛。巴特却不安分，绕着咪妮转，不停地嗅它，还不时用头拱它一下。而咪妮并不想和巴特闹，不理睬巴特的挑逗，闭上了眼睛。巴特倒也识趣，停止骚扰，也在咪妮身旁卧下。不一会儿，两个小家伙都睡着了，咪妮将下颏搁在巴特背上，睡相尤其可爱。

小保安苦笑道：“看，我好像成了专在这儿保护它俩的人了！”

傍晚，我碰到了那个经常喂咪妮的女孩儿，她在门洞里玩滑板。她停住滑板，问我：“伯伯，你猜它俩躲到哪儿去了？”我反问：“谁俩呀？”她说：“咪妮和巴特呀，保安叔叔告诉我，你叫那条小流浪狗巴特，我喜欢你给它起的名字。”我说：“我也喜欢你给那只小野猫起的名字。”“你猜它俩躲哪儿去了？”我摇头。“我知道，您想不想去看？”我犹豫一下，点了点头。在我们那个院子最里边，有一处休闲之地。草坪上，曲折地架起尺许高的木板踏道。在两段木板的转角，女孩儿蹲了下去。她说：“它俩在木板底下呢。”仅仅蹲着并不能看到木板底下。女孩儿又说：“您得学我这样。”我便学她那样，将头偏向一旁，并低垂下去，于是看到——咪妮和巴特，正在一块纸板上嬉闹。女孩儿说：“纸板是我为它俩放在那儿的。”两个小家伙发现我和女孩儿在看它们，停止嬉闹，先后钻出，跟我和女孩儿亲热了一阵，复钻入木板底下，继续佯斗。

看着一条被抛弃的、心理创伤很深的流浪小狗与一只孤独然而高傲的小野猫成了一对好朋友，我心温暖。比之于人的社会，那一时刻，我忽然觉得，小猫小狗之间建立友爱，则要容易多了。我从那尺许高的木板之下，看到了令我感动并感慨的图景。

自那一天起，两个小家伙形影不离。它们有了一个共同的家，便是那木板踏道的底下。看着它们在一起高兴的人多了，喂它们东西吃的人也多了。小保安不知从哪儿捡了两个旧沙发垫塞到了木板下，还有人将一大块旧地板革铺在踏道上，防止雨漏下去，两个小家伙喜欢相依相偎地睡在“家”里了。据女孩儿说，咪妮睡时，仍将头枕在巴特背上，似乎那样它才睡得舒服，睡得安全……

偶尔，它俩也会跑下台阶，穿过街道，在对面的小铺子间踬踬逛逛的。大概它们以为，人都是善良的。而街对面那些开小铺面的外地人，以及他们的孩子，确实都挺善待它们。看到家养的小猫小狗在一起是一回事，看到一条小流浪狗和一只小野猫形影不离是另外一回事：咪妮和巴特，使那一条街上的许多大人和孩子的心，都因它们而变得柔软了。

我出差了数日，返京第二天中午，艳阳高照，然而暑热已过，天气好得令人心旷神怡。吃罢午饭，我带足猫粮狗粮，去到了门洞那儿。

却不见咪妮和巴特。

小保安说:“都死了……”

我一愣。

他告诉我——一天下午，咪妮和巴特又跑到街对面去了；偏巧街对面停着一辆“宝马”，车窗摇下一边，内坐一妖艳女郎，怀抱一狮子狗。那狗一发现咪妮和巴特，凶吠不止。咪妮和巴特便迅速跑回台阶上，蹲在小保安脚边。那女郎没抱紧狮子狗，狮子狗从车窗蹿了出去，追到了台阶上。咪妮野性一发，挠了狮子狗一爪子；女郎赶到，见她的狮子狗鼻梁上有了道血痕，说是破了她那高贵的狗的狗相，非要打死咪妮不可。小保安及时抱起咪妮，说咪妮不过是一只小野猫，有身份的人何必跟一只小野猫计较？而这时，巴特和那狮子狗，已扑咬作一团。女郎尖叫锐喊，从花店中闯出一彪形大汉，奔上台阶，看准了，狠狠一脚，将小巴特踢得凌空飞起，重重地摔在水泥街面上。咪妮挣脱小保安的怀抱，转身逃入院中。那女郎踏下台阶，也对奄奄一息的巴特狠踢几脚。一切发生在不到一分钟内，等人们围向巴特。“宝马”已开走了……

我听得目瞪口呆，良久才问了一句话是:“那，那咪妮呢？……”

“也死了……躲在木板底下，三天不出来，三天不吃东西……怎么叫它也不出来，喂它什么都不吃……活活渴死饿死的……我和几个小朋友把它和巴特埋在一块儿了……”

我一转身，见说完话的女孩儿，无声地哭。

我，将手伸入了衣兜。

无话可说之时，我便只有吸烟。

我三口五口就吸完了一支烟。

何以解恨？唯有香烟。

唯有香烟……

翌日，我终于想好了我要说些什么——在课堂上，在讨论一部爱情电影时，我对我的学生们说：“那种对猫狗也要分出高低贵贱的女人，万勿娶其为妻！那种对小猫小狗心狠意歹的男人，你们女同学记住，不要嫁给他们！……”其实我还想说：这处处呈现出冰冷的、病态的、麻木的、凶暴的现实啊，还有救吗？然我自知，这么悲观的话，是不该对学生们说的……

2009 年 12 月于北京

“十姐妹”出走

且说那一天我在家对面的小树林散步，遇见了几个年轻的民工。其中一个拎着纸盒箱，箱四周扎了许多透气孔。见着我，拎纸盒箱的自言自语：“这么大一个北京，竟没识货的人！”仿佛自言自语，其实说给我听。那模样，那口吻，使我联想到受高衙内指使，诱林冲中计的那个卖刀人……

我问：“什么？”

他们中有人答：“鸟儿……”

“什么鸟儿？”

“十姐妹……”

好悦心的鸟名——我不禁掀开纸箱盖儿一角往里瞅，但见十位“小姐”挤缩一处，十双黑晶晶的小眼睛瞪着我，胆怯而又乞怜。黄嘴边儿还没褪哪，羽毛还没长全哪，毛根间暴露着粉红的肉色，如同一群只扎肚兜儿的光身子小孩儿……

并不雅的些个小东西！

“卖？”

“卖！”

“多少钱？”

“二十元！”

“太小哇。”

“这您就外行啦，养鸟儿都得从小养起。”

“不好看呀，跟麻雀似的！”

“毛长全就好看了，不好看能叫‘十姐妹’吗？”

于是我一念顿生，成了“十姐妹”的“家长”。

最初养在一个极小的笼子里，用两个瓶盖儿喂它们水和小米。后来妻买回了一个漂亮的够大的笼子，于是它们“迁”入了新居，好比住在小破房里的中国老百姓，一步登天搬进了花园洋房。那一天“她们”显得好高兴噢，叽叽喳喳叫个不停。我们一家三口看着“她们”高兴，各自心里也高兴……

自从阳台上有了“十姐妹”，便热闹起来。“小姐”们一会儿“说”一会儿“唱”。“说”时其音细碎一片，吴侬软语似的，使我联想到一群上海姑娘聚在一起聊悄悄话儿。“唱”时反倒不那么动听了，类乎“喳”的一个单音，此长彼短，自我陶醉。没一个嗓子强点儿或可出息为歌唱家的。于“她们”正应了那句话——“说的比唱的好听。”

那时我正写作，便不免会有些烦，常到阳台上去冲“她们”喝唬一句。喝唬一句大概能消停五分钟。于是最后只有关上几扇门，隔断“她们”的噪音，将自己关在最里边的小屋。

安定且无忧无虑的生活，使“她们”长大得明显，羽毛日渐丰满了，一个个都出落得非麻雀可比了。秀小的头，鱼形的身，颌下和喙根两侧，以及翅膀和尾翼之间，是洁白的绒羽和翅子。若补充些想象看它们，也还算漂亮。

有天我发现“她们”争争吵吵拥拥挤挤地围住饮水罐儿，衔了水梳理羽毛。我想——哦“小姐”们是该洗次澡了。便将一个饼干盒盖注满清水，将笼底抽下，将笼子置于盒盖上，伫立一旁静观。“她们”不争不吵不拥不挤了，一只只侧着头，矜持地瞪我。我刚一转身离去，阳台上便溅水声大作。水珠竟透过纱门溅入室内。偷窥之，见“她们”洗得那个欢呢！而且相互梳洗……

于是便宠出了“她们”的娇惯毛病。每至中午，倘不为“她们”提供此项服务，阳台上一片抗议之声，不予理睬简直就不可能。“她们”是很讲“三大纪律八项注意”的。或者可以说很培养我的文明意识——只要我在看着，绝不下水。其实我也不稀罕看。偷窥的行为就那么一次。女人们洗澡的美妙情形我早已司空见惯了，在电影里……

原先，鸟笼放在一把椅子上的。阳台下半部是砌严的，小时候它们则只能看到一片天空，倒也都甘于做井底之蛙。有一天“她们”就以“她们”的噪音，提出了开阔视野高瞻远瞩的要求。于是中午洗过澡后，我将鸟笼挂在晾衣竿上。第一次透过阳台窗望到外面的广大世界，“她们”真是显得惊奇极了。“说”了一中午，“唱”了一中午。反反复复“唱”的，在我听来，仿佛始终是那么一句——“外面的世界很精彩……”

我听不得“她们”向我传达的那份儿幽怨，干脆启开笼门，将“她们”放飞在阳台上。不消说，从此我更得勤于打扫阳台了……

我常想起买下“她们”时的情形。不知命运如何，“她们”的那份儿胆怯好可怜的。不愁冷暖不愁饥渴了，就产生了对“居住”条件的高要求。“居住”条件大大改善了，就渐渐滋长了“贵族”习惯，每天还得洗次澡。一旦“贵族”起来了，则又开始向往自由了。给予了“她们”一个阳台的自由范围，最初的喜悦和兴奋过后，又分明向往起“外面的世界”来……有天它们一溜儿蹲栖在窗格上，静悄悄的，都很忧伤的样子，仿佛些个囚徒似的。我几经犹豫，开了一扇阳台窗。轻风和爽气扑人，“她们”都扇动起翅膀来……我说：“小姐们，请吧，我还你们自由……”“她们”一只只从敞开的窗子跳进跃出着，不停地扇翅，一会儿侧头看我，一会儿仰望天空，若有依恋之意……我又说：“想回来时就回来，这扇窗将随时为你们打开……”我也满怀着对“她们”的依恋，离开了阳台。半小时后，十只鸟儿剩下五只了。一个小时后，阳台上一只鸟儿都不见了，顿时寂静得使人郁悒……有几只鸟儿飞回来过——吃点儿食，饮点儿水，洗次澡，又飞走……从此，我在早晚散步时，总能听到“她们”的声音，传出自小树林里。我的“丫头”们的声音，我是听得出来的……

有天我发现一只鹞鹰，在附近的树林上空盘旋。我想——说不定它是被我的“丫头”们的叫声引来的，伺机加害于“她们”。于是我赶快回到家里，找了一根长长的竹竿，挂上彩布，在树林中奔来奔去，挥舞着，大叫着，直至将那残食弱小的枭禽驱逐遁去……

有天我发现别人家养着两只鹦鹉的笼子里，也有一只“十姐妹”。两只鹦鹉都啄“她”，啄得“她”没处藏没处躲。紧缩一隅，尾巴挤出在笼外。见了我，便在笼子里“炸”飞起来，叫个不停，其音哀婉。我想，那一定是我的“丫头”中的一只，想吃食，想饮水，或想洗澡，误入了别人家的阳台……

于是我将“她”讨回，养了几日，又放飞了……有天早晨，在公园里，我见到一个张网人，一次用粘网粘住了三只“十姐妹”。我想那也肯定是我放飞的鸟儿。我将“她们”再次买下，养了几日，也又放飞……“外面的世界很精彩，外面的世界很无奈”——在人的城市里，对鸟儿们也是这样的……

自由，在本质上，其实也是人对他人的责任感最完善的摆脱。正如我不可能也不打算每见到别人笼子里的一只“十姐妹”都买下放飞一样。在这么一种社会形态下，若同时没有法的威慑，没有宗教对心灵的影响，大多数人，就只有像我养过的“十姐妹”一样，提高防范的能力，并靠运气活着了……

有天夜里我做了一个梦——梦见老了的自己，被十个女儿围绕着，还有十个女婿侍守一旁——尽管这有悖计划生育法，而且“十姐妹”也并非就全是“丫头”，但仍没妨碍我做了那么一个很幸福的梦……

纸篓该由谁来倒

一只纸篓——在教室门口，也在讲台边上，满的。我在讲台上稍一侧身，就会看见它。它一直在那儿，也应该就在那儿。通常总是满的。插着吸管的饮料盒，抑或瓶子，还有诸种零食袋、面包纸、团状的废纸，往往使它像一座异峰突起的山头。

教室门口没有一只纸篓如同家门口连一双拖鞋都没有，是不周到的；教室门口有一只满得不能再满的纸篓如同家门口有一双脏得不能再脏的拖鞋，是使人感觉很不舒服的。我每次走入教室心里总是寻思，似乎有必要对它满到那般程度做出反应。或言，或行。

"哪位同学去把纸篓倒一下啊？"此言也。

我确信只要我这么说了，立刻会有人去做。

自己默默去倒空纸篓，此行也。

有点儿以身作则的意思。

我想行比言更可取。于是我"作则"了两次，第三次还打算那么去做的，有一名同学替我去做了。他回到教室后对我说："老师，有校工应该做这件事，下次告诉她就行。"

将纸篓倒空，来回一分钟几十步路的事，教学楼外就有垃圾桶。女校工我认识，每见她很勤劳地打扫卫生，挺有责任感的。而且，我们相互尊敬，关系友好。我的课时排在上午三四节。而她一早晨肯定已将所有教室里的纸篓全都倒空过，是上一二节课的学生使纸篓又满了。无论是我去告诉她，还是某一名同学去告诉她，她都必会前来做她分内的事。但我又一想，她可能会认为那是对她工作的一种变相的批评。使一个本已敬业的人觉得别人对自己的工作尚有意见，这我不忍。

我反问："有那种必要吗？"

立刻有同学回答："有。"——见我洗耳恭听，又说，"如果我们总是替她做，她自己的工作责任心不是会慢慢松懈了吗？"

我不得不暗自承认，这话是有一定的思想方法性质的道理的，尽管不那么符合我的思想方法。

我又反问："是不是有一条纪律规定，不允许带着吃的东西进入教室啊？"答曰："有。但那一只纸篓摆在那儿不是就成了多余之物，失去实际的意义了吗？"于是第三种看法产生了："其实那一条纪律也应该改变一下，改成允许带着吃的东西进入教室，但不允许在老师开始讲课的时候还继续吃。""对，这样的纪律更人性化，对学生具有体恤心。"于是，话题引申开来了。显然已经转到对学校纪律的质疑方面了。内容一变，性质亦变。我说："那不可能。大约任何一所大学的纪律，都不会明文规定那一种允许。"辩曰："理解。那么就只明文规定不允许在老师讲课的时候吃东西。将允许带着吃的东西在课前吃的意思，暗含其中。"我不禁笑了："这不就等于是一条故意留下空子可钻的纪律了吗？"辩曰："老师，如果不是因为课业太多太杂，课时排得太满，谁愿意匆匆带点儿吃的东西就来上课呢？"于是，话题又进一步引申开来了。内容又变了，性质亦又变了。而且，似乎变得具有超乎寻常的严肃性，甚至是企图颠覆什么的意味儿了。当然，我和学生们关于一只纸篓的谈话，只不过是课前的闲聊而已。但那一只纸篓以后却不再是满的了，我至今不知是谁每次课前都去把它倒空了。

由而我想，世上之事，原本是“横看成岭侧成峰，远近高低各不同”的。这乃是世事的本体，或曰总象。缺少了这一种或那一种看法，就是不全面的看法。有时表面上看法特别一致，然而不同的看法仍必然存在。有时某些人所要表达的仅仅是看法而已，并不实际上真要反对什么、坚持什么。更多的时候，不少人会放弃自己的看法，默认大多数人的任何一种看法，丝毫也没有放弃的不快。只要那件事并不关乎什么重大原则和立场——比如一只纸篓究竟该由谁去把它倒空。这样的事在我们的生活中比比皆是，每一个人都可以随自己的意愿选择一种做法。只要心平气和地倾听，我们还会听到不少对我们自己的思想方法大有裨益的观点。那些观点与我们自己一贯对世事的看法也许对立，却正可教育我们——一个和谐的社会，首先应是一个包容对世事的多元看法合理存在的社会。不包容，则遑论多元？不多元，则遑论和谐？

在我所亲历的从前的那些时代，即使是纸篓该由谁来倒空这样一件事，即使不是在大学里，而是在中小学里，也是几乎只允许一种看法存在的。可想而知，那是一种被确定为唯一正确的看法。另外的诸种看法，要么不正确，要么错误，要么极其错误，要么简直是异端邪说，必须遭到严厉批判。比如竟从纸篓该由谁倒的问题，居然引申到希望改变一条大学纪律，并因而抱怨学业压力的言论，即是。久而久之，人们的思想方法被普遍同化了，也普遍趋于简单化了。仿佛都渐渐地习惯于束缚在这样的一种思维定式中，即人对世事的看法只能有一种是正确的，或接近正确的。与之相反，便是不正确的，甚或极其错误的。如此一来，不但不符合世事的总象，也将另外诸种同样正确的看法，划到“唯一正确”的对立面去了。

其实，人对世事的看法，不但确乎有五花八门的错误，连正确也是多种多样的。正因为有人对世事的五花八门的错误的看法存在，才有人对世事的多种多样的正确的看法形成。世人对世事所公认的那一种正确的看法，历来都是诸种正确的看法的综合。这个世界上从来没有谁能够独自对某件事——哪怕是一件世人无不亲历之事，比如爱情吧——做出过完全正确的看法。

我如何面对困境？

小蕙：

你来信命我谈谈对人生"逆境"所持的态度，这就迫使我不得不回顾自己匆匆活到四十七岁的半截人生。结果，我竟没把握判断，自己是否真的遭遇过什么所谓人生的"逆境"？

我曾不止一次被请到大学去，对大学生谈"人生"，仿佛我是一位相当有资格大谈此命题的作家。而我总是一再地推脱，声明我的人生至今为止，实在是平淡得很，平常得很，既无浪漫，也无苦难，更无任何传奇色彩。对方却往往会说，你经历过三年困难时期，经历过"文化大革命"，经历过"上山下乡"，怎可说没什么谈的呢？其实这是几乎整整一代人的大致相同的人生经历。个体的我，摆放在总体中看，真是丝毫也不足为奇的。

比如我小的时候家里很穷，从懂事起至下乡为止，没穿过几次新衣服。小学六年，年年是"免费生"。初中三年，每个学期都享受二级"助学金"。初三了，自尊心很强了，却常从收破烂的邻居的破烂筐里翻找鞋穿，哪怕颜色不同，样式不同，都是左脚鞋或都是右脚鞋，在买不起鞋穿的无奈情况下，也就只好胡乱穿了去上学……有时我自己回想起来，以为便是"逆境"了。后来我推翻了自己的以为，因在当年，我周围皆是一片贫困。

倘说贫困毫无疑问是一种人生“逆境”，那么我倒可以大言不惭地说，我对贫困，自小便有一种积极主动的，努力使自己和家人在贫困之中也尽量生活得好一点儿的本能。我小学五六年级就开始粉刷房屋了。初中的我，已不单是一个出色的粉刷工，而且是一个很棒的泥瓦匠了。炉子、火墙、火炕，都是我率领着弟弟们每年拆了砌，砌了拆，越砌越好。没有砖，就推着小车到建筑工地去捡碎砖。我家住的，在“大跃进”年代由临时女工们几天内突击盖起来的房子，幸亏有我当年从里到外一年多次的维修，才一年年仍可住下去。我家几乎每年粉刷一次，甚至两次，而且要喷出花儿或图案，你知道一种水纹式的墙围图案如何产生吗？说来简单——将石灰浆兑好了颜色，再将一条抹布拧成麻花状，沾了灰浆往墙上依序列滚动，那是我当年的发明。每次，双手被灰浆所烧，几个月后方能褪尽皮。在哈尔滨那一条当年极脏的小街上，在我们那个大杂院里，我家门上，却常贴着“卫生红旗”。每年春节，同院儿的大人孩子，都羡慕我家屋子粉刷得那么白，有那么不可思议的图案。那不是欢乐是什么呢？不是幸福感又是什么呢？

下乡后，我从未产生跑回城里的念头。跑回城里又怎样呢？没工作，让父母和弟弟妹妹也替自己发愁吗？自从我当上了小学教师，我曾想，如果我将来落户了，我家的小泥房是盖在村东头还是村西头呢？哪一个女知青愿意爱我这个全没了返城门路打算落户于北大荒的穷家小子呢？如果连不漂亮的女知青竟也没有肯做我妻子的，那么就让我去追求一个当地人的女儿吧！

面对所谓命运，我从少年时起，就是一个极冷静的现实主义者。我对人生的憧憬，目标从来定得很近很近，很低很低，很现实很现实。想象有时也是爱想象的，但那也只不过是一种早期的精神上的“创作活动”，一扭头就会面对现实，做好自己在现实中首先最该做好的事，哪怕是在别人看来最乏味儿最不值得认真对待的事。

后来我调到了团宣传股。这是我人生中的第一次“上升阶段”。再后来我又被从团机关“精简”了，实际上是一种惩罚，因为我对某些团首长缺乏敬意，还因为我同情一个在看病期间跑回城市探家的知青，于是我被贬到木材加工厂抬大木。

那是一次从“上升阶段”的直接“沦落”，连原先的小学教师都当不成了，于是似乎真的体会到了身处“逆境”的滋味儿，于是也就只有咬紧牙关忍。如今想来，那似乎也不能算是“逆境”，因为在我之前，许多男知青，已然在木材厂抬着木头了，抬了好几年了。别的知青抬得，我为什么抬不得？为什么我抬了，就一定是“逆境”呢？

后来我被推荐上了大学。我的人生不但又“上升”了，而且“飞跃”了，成了几十万知青中的幸运者。

在大学我因议论“四人帮”，成为上了“另册”的学生。又因一张汇单，遭几名同学合谋陷害，几乎被视为变相的贼。那些日子，当然也是谈不上“逆境”的，只不过不顺遂罢了。而我的态度是该硬就硬，毕不了业就毕不了业，回北大荒就回北大荒。一次，因我说了一句对“四人帮”不敬的话，一名同学指着我道：“你再重复一遍！”我就当众又重复了一遍，并将从兵团带去的一柄匕首往桌上一插，大声说：“你他妈的可以去汇报！不会判我死刑吧？只要我活着，我出狱那一天，你的不安定的日子就来了！无论你分配到哪儿，我都会去找到你，杀了你！看清楚了，就用这把匕首！”

那事儿竟无人敢去汇报。

毕业时我的鉴定中多了一条别的同学所没有的——“与‘四人帮’做过斗争”。想想怪可笑的，也不过就是一名青年学生对“四人帮”的倒行逆施说了些激愤的话罢了。但当年我更主要的策略是逃，一有机会，就离开学校，暂时摆脱心理上的压迫，甚至在一个上海知青的姨妈家，在上海郊区一个叫朱家桥的小镇上，一住就是几个星期……

这些都是一个幸运者当年的不顺遂，尽管也埋伏着人生的凶险，但都非大凶险，可以凭了自己的策略对付的小凶险而已。

一名高干子弟，我的一名知青战友，曾将他当年的日记给我看，他下乡第二年就参军去了，在北戴河当后勤兵，喂猪。他的日记中，满是“逆境”中人如坠无边苦海的“磨难经”——而当年在别的同代人看来，成了一名光荣的解放军战士，又是何等幸运何等梦寐以求的事啊！

鲁迅先生当年曾经说过家道中落之人更能体会世态炎凉的话。我以为，于所谓的“逆境”而言，也似乎只有某些曾万般顺遂、仿佛前程锦绣之人，一朝突然跌落在厄运中，于懵懂后所深深体会的感受，以及所调整的人生态度，才更是经验吧？好比公子一旦落难，便有了戏有了书。而一个诞生于穷乡僻壤的人，于贫困之中呱呱坠地，直至于贫困之中死去，在他临死之前问他关于“逆境”的体会及思想，他倒极可能困惑不知所答呢！

至于我，回顾过去，的确仅有些人生路上的小小不顺遂而已。实在是不敢妄谈“逆境”。而如今对于人生的态度，是比青少年时期更现实主义了。若我患病，就会想，许多人都患病的，凭什么我例外？若我生癌，也会想，不少杰出的人都不幸生了癌，凭什么上帝非呵护于我？若我惨遭车祸，会想，车祸几乎是每天发生的。总之我以后的生命，无论这样或那样了，都不再会认为自己是多么的不幸了。知道了许许多多别人命运的大跌宕，大苦难，大绝望，大抗争，我常想，若将不顺遂也当成“逆境”去谈，只怕是活得太矫情了呢！……

晓声

1996 年 6 月 30 日

让我迟钝

我从小是一个敏感的孩子，这主要体现在自尊心方面，但我又是一个在自尊心方面容易并且经常受伤的孩子。一个穷孩子要维护住自己的自尊心，像一只麻雀要孵化成功一枚孔雀蛋一样难。

青少年时期我渐渐明白了一个道理，每一个人都能够以自己的方式拥有友情。明白了这一个道理之后我便是一个不乏友情的少年了。我少年时期的友情都是用友善换来的，它的一部分牢固地延绵至今。

我感激文学。文学对中学时期的我最重要最有益的影响那便是——在潜移默化的熏陶之中接受了人性教育。我的中学的最后一年发生“文化大革命”。我对自己较为满意的是——我虽是“红五类”“红卫兵”，但我在“文化大革命”中与任何“红卫兵”的劣迹无涉。我没有以“革命”的名义歧视过任何人，更没有以“革命”的名义伤害过任何人。恰恰相反，我以我当年仅能表现的方式，暗中有时甚至是公开地同情过遭到这样那样政治厄运的人。

“文化大革命”对我最大的也最深刻的影响是——促使我以中学生的头脑思考政治。无论是知青的六年多里，抑或是“工农兵学员”的三年多里，我都是一名对“四人帮”的专制采取抵牾态度的青年。

这一点使我那样一名默默无闻的知识青年，竟有幸与一些“另册”知识分子建立了友情。这也同时是成为作家的我，后来为什么不能成为“纯粹为文学”的作家，某些作品总难免具有政治色彩的原因。

成为作家的我依然是敏感的。我曾相信成为作家的我，是足以有能力来朝自认为更好的方面培养自己的人格了。我曾说过——人格非人的外衣，也非人的皮肤，而是人的质量的一方面。

我承认我对关乎自己人格的事，以及别人对自己人格的评价是敏感的。正因为这样，我承认——我常常以牺牲“自我”的方式，来换取别人对我的人格的赞许和肯定。这一点从好的方面讲，渐渐形成了我做人的某些原则，那些原则本身绝对没什么问题；从不好的方面讲，任何人刻意而求任何东西，其实都是不自然的。

我承认，我对文学和作家这一职业，曾一度心怀相当神圣的理解。因为文学曾对我有过那么良好的影响，这一种越来越不切实际的理解，很费了一番“思想周折”才归于客观的“平常心”。

我承认，恰恰是在我成为作家以后，所受的伤害是最多的。从一九八二年我获全国短篇小说奖以后，我几乎不间断地在友情和人格两方面受伤，原因诸多。有时因我的笔，有时因我的性格，有时那原因完完全全起于别人方面。我也冒犯过别人，故我对因此而受的伤害甘愿承担。

我承认，每当我被严重地误解时，我总会产生辩白的念头……

我承认，每当我受了过分的伤害，我总会产生“以牙还牙”的冲动……

我承认，每当我遭到辱骂和攻击时，即使表面不以为然，心头已积隐恨……

我承认，我很自慰地承认，后来我渐渐具有了相当强的“免疫力”……

我承认，即使具有了相当强的“免疫力”的我，也很难真的无动于衷……因为我具有了相当强的“免疫力”，并不等于我的妻儿、亲友，以及一切关爱着我的人也同时具有。一想到他们和她们也许同时受到伤害，我常打算做出激烈的反应。我的笔使我不无这种能力。它在作为武器时也肯定是够锐利的……

但是近来我逐渐形成了另一种决心，那就是——从我写这篇文章的此时此刻起，我要求自己对于一切公开的辱骂、攻击、蓄意的合谋的伤害，不再做丝毫的反应，不再敏感，而要迟钝，而要麻木。这也是一种刻意，这一种对自己的要求也是不太自然的。这与所谓表现气度无关，而与珍惜所剩的生命有关。所以即使也是一种刻意，即使也是不太自然的，却是必须如此的。

我觉得，一个人的敏感，和一个人血管里的血，大脑中的脑细胞，和一个人的所有生命能动性一样，也是限量的。生命像烟一样，不可能活一天附加一天，生命是一个一直到零的减法过程。

我觉得，我的敏感已大不如前，我的精力状况和身体状况也大不如前。

我的精力正在一天天变得颓萎，我的敏感“水平”正在一天天下降，我只能而且必须极其“节省”地运用它。故我要公开地发一个毒誓，从此时此刻起直至我死，我坚决地对一切伤害不再做出丝毫的反应，我也坚决地对一切误解不再做出任何辩白——今天以前的反应不包括在内。比如对吴戈其人的攻击所做的反应，它可能在今天以后见诸报刊，已无法撤销。

如果我竟不能做到这一点——那么让我死于非命——患癌的可能性不包括在内。我们都知道，癌症是与遗传基因有关的。

我既发此毒誓，那么恭请一切报刊，万勿再就辱骂和攻击性、贬低性内容对我进行采访；倘明知我发此毒誓还一味企图从我口中讨个说法，显然便是不人道的了。

我既发此毒誓，那么恭请一切报刊放心，凡登载涉及我的文章，无论攻击性多么强，无论辱骂的话语多么恶劣，皆可毫无顾虑。我将一概地保持绝对沉默。近一时期我深受被采访之苦，远比对我的文字伤害更使我身心受损。而实际上，我的誓言其实早已悄悄生效——我基本做到了无论怎样“启发”，坚决地不对任何误解进行辩白；坚决地不对任何攻击、辱骂、贬低和人格侵犯说出一句反击性的话——今日《光明日报》一名女记者对我进行的采访又当例外。其中有对一件事的辩白，我经考虑认为是必要的。

那么，以后，我的敏感将仅仅体现在如下方面：对感情的敏感反应——包括亲情、友情、同情。对社会和时代现象的敏感反应……对想象与虚构能力的职业性的敏感反应……对驾驭文字的能力和对修辞之职业水平的敏感反应……对自己责无旁贷的种种义务的敏感反应……我真的认为我的敏感将渐成我生命的微量元素，它是必须节省使用的了。倘在以上方面我仍能保持着它，我觉得对于我就已经是不容易主事了。我预先做一个与鲁迅先生截然相反的声明：我死之际将不带走对一个世人的嫌恶和憎恨。因为归根结底，我们人类也只不过是地球上的一种动物。我们既然公认每一种动物的习性都有其必然性、合理性，那么自己的同类又何妨如此？

我将严格恪守我的誓言至死不悔。倘我竟不能，我甘愿遭世人唾弃和嘲笑！

不愿说当年

文学报的编辑促我为他主持的专栏写稿。电话之后是信函，其意也诚，其言也切。这就使我又一次陷于没法儿请求恕免的境地了。区区一千五百字，说什么都无疑是借口。

专栏限定了写第一次获奖感受。此前《小说月报》也来函约稿，要求也只不过区区于五百字，内容是谈获《小说月报》奖的感受。全国奖也罢，《小说月报》奖也罢，在我，那当年的感受是差不多的。因为乃是由同一篇小说在一九八三年初同时获全国奖和《小说月报》之“百花奖”，那小说自然是《这是一片神奇的土地》。其后，这儿那儿，半情愿不情愿的，便发表了些谈体会谈感受的文字。有的还收在了集子里，集子还是在近年内出版的。又谈，自己就先行讨厌自己了。

这区区一千五百字使我为难了整整三天！

今天我刚从大连和沈阳签名售书回来。写好了地址贴上了邮票的信封，从大连带到沈阳，从沈阳带回北京。同行的张抗抗和胡健两位女士大诧，说梁晓声你真的惜时如金到这种地步，还是作秀给我们看呢？

只有苦笑。

不仅不愿说当年。其实也不愿说现在。

六月十八日我从福州领回了三份获奖证书和三个奖杯，还有四千元奖金。

一位老评委半开玩笑半认真地问我有何感受。

我诚实地回答我还是特别看重《中篇小说选刊》奖的。

进了家门我将捧着的三个奖杯往桌上一放，喜滋滋地说：“我回来了！”——并将以前的一个奖杯从书架上取下，总共四个摆在一起。

七十八岁的老母亲从沙发上欠起身问：“发了奖杯，就不发奖金了吧？”

我说：“奖金也有啊，四千呢！”老母亲缓缓又躺下在沙发上了，自言自语：“奖杯没顶了奖金就好。”上初二的儿子捧着《新华词典》走过来问我——某个词的解释为什么词典上和他学的课文中不一样？我说：“没看见啊？”儿子说：“什么？”我说：“奖杯呀！”儿子说：“看见了。”我有点儿悻悻地说：“看见了也不表示表示？”儿子愣了愣，脱口而出的一句话是：“爸你俗不俗啊！”他始终没正眼瞧我那一溜儿四个奖杯，也不问我某个字的解释了，一转身离去……妻正巧回来，见桌上的一道“风景”，说：“你打算拍卖吗？”我说：“什么话！刚捧回家来，多少钱也不卖！”妻笑了，说：“好像你缺钱花的时候真能卖出个大价钱似的！”我便无话可说。而“阿姨”小芳此时走来细看了一会儿之后问：“叔，木头的吧？”我说：“小芳，记住，这叫脱胎漆器！”她就伸手摸，结果碰掉了一个杯尖儿。我说：“你看你！”妻说：“小芳，别碰他那玩意儿。你瞧他那样儿，不知自己在哪儿碰坏的呢！”的确是我自己在飞机上碰坏的。小芳又怯怯地问：“叔，往哪儿摆？”我说：“当然都摆书架上！”“天天都得擦吗？”问得我也愣了愣。我一赌气将四个奖杯捧到阳台上，摆在杂物柜上……

在我自己的家里并无人为我的获奖喝彩。

这就是我为什么在外人前总显得格外谦虚的缘故。

我是一个非常冷静的写小说的人，从一九八五年就开始非常冷静了。如果有人竟指责我也曾张狂过，那肯定是胡说八道。因为，早在一九八五年，从《世界之窗》上，我读到过一篇法国当代的一百项社会调查，第七十九项使我知道——在法国这一个具有过世界意义的文学辉煌的国家，仅有百分之五的父母同意自己的女儿嫁给作家。括号内五个阐明前提的字是——畅销书作家……

那一期《世界之窗》我仍保留着，只不过再也没翻过。

从那时起我就冷静地知道，小说在中国必会和在法国一样，这不值得大惊小怪。就目前而言，其实比在法国的境况要好得多！

我曾对几乎我的每一位同行讲到过法国那“第七十九项”调查，但是以后十几年来我仍孜孜不倦地写着，我的大多数同行们也是。

最近在北京某几所中学里的调查表明——百分之九十以上的中学生和高中生的最大人生志愿是想当资本家，想当作家的不足百分之一，而且多数是女生。

我的儿子倒并不想当资本家，但是也坚决地不想当作家，不知为什么他想当一名烹饪大师。对此我简直不知该如何表态，因为我更爱吃粗茶淡饭。

一天夜里我失眠，自己也不知是受一种什么心理的促使就走到了阳台上。望着那一溜儿四个奖杯，我觉得我的目光肯定是既含情脉脉又愧疚种种，如同望着一个既难终成眷属又难移情别爱的女子。

这时我就想起了“马五哥和尕豆妹”的故事。想起了其中的一句花儿：

马五哥死也偏爱尕豆妹，

爱得个搭赔上血来……

在中国，除了特例，文学的奖金一向是较低的。文学的获奖证书一向是较普通的一种。文学一向是没有奖杯的，有也常是景泰蓝瓶子。《中篇小说选刊》的奖杯，在当年不啻是一个“创举”。

我的写作，并不一向为获奖。

但我实话实说——每一份获奖证书，每一次获奖，对我都是一种鞭策，一种勉励，还是一种欣慰。真的，尽管我的获奖证书都收在壁橱里，奖杯摆在阳台上。我承认我是一个需要勉励和鞭策的人，我承认我是一个希望体会到欣慰是怎么一回事儿的人。

我对自己也很清醒——由于接触的社会面驳杂广泛，时有引发创作冲动的人和事撞入思维，故我比较勤奋。由于爱好甚少，天性不喜玩乐，亦不喜交结，故我写的比较多些。由于写的比较多些，由于持之以恒，故拥有了较固定的读者群。由于活得并不潇洒，也就不敢“玩文学”，也就被归为较严肃的作家一类。如此而已，仅此而已。就整体创作水准而言，我觉得自己从未达到过最佳阶段，从未进入过最佳状态。正如我认为中华人民共和国成立以来的文学，从未达到过最佳阶段，从未进入过最佳状态。这也许正是我和我的许多同行孜孜不倦的原因吧？

仅今年一月至六月，我便撕毁了三部长篇的最初几章，约十余万字。类似的构思往往成了同行们听听罢了的“口头文学”。

我所想写的往往是最好不写的。

我所写的往往是许多同行都在写的。

我常郑重地标榜我坚持现实主义，可连我也不得不开始将现实主义荒诞化、魔幻化。“逼上梁山”常使我倍觉内心不是滋味儿……

忽然我发现老母亲、妻子、儿子、小芳都在向我探头探脑。由于我开亮了灯，在阳台上发呆，他们对我半夜三更的古怪行径困惑而不安了……

妻柔声问:“想找胶水儿粘那奖杯是吗?”

于是儿子告诉我胶水在哪儿。

于是小芳告诉我安眠药在哪儿。

而老母亲说:“睡吧，不兴这样，搞的全家人心惶惶的……”

我知道——妻子、儿子、老母亲，包括小芳，内心里其实都是那么体恤我，都希望我别再写了……

而写成了我的最严重的“毛病”，成了我永远也戒不了的一支“烟”了！哪一天我戒了烟，也还是戒不了写……

钉子断想

钉子——大人孩子，全知道是什么。

我小时候，常到建筑工地去捡废钉子，也就是用过的，又被起下来丢弃的钉子。清楚地记得，一斤废钉子二角四分钱。几乎是废品中除了铜以外最贵的。二角四分钱能买一本一百余页的小人书。不过，捡一斤废钉子并不容易，有时一天才能捡到几根。一斤废钉子起码五六十根。倘捡到虽弯曲了，但却新着的钉子，其实是舍不得当废钉子卖的。家家都经常有急需一根钉子用的情况……

也偷过新钉子。趁工人叔叔不备，从人家工具箱里抓起一根就跑。明知是偷的行径，便不敢多抓，仅仅抓起一根而已。倘抓一把，工人叔叔是要急的，必追赶。被逮着，一顿当众的羞辱也是够受的。

一把削铅笔的小刀一角钱。偷钉子是为了做一把削铅笔的小刀。要偷最大型号的，一寸半或二寸长的。偷到手，便去铁路线那儿，摆在铁轨上。经火车轮一压，钉子就扁了。压扁了的钉子，在砖上或水泥台阶上一磨，一把削铅笔的小刀就成了……

在某些小说和电影，包括某些革命题材的小说和电影中，钉子是重要的情节载体。主人公们就是靠一根钉子越狱成功的。

在中国的传统戏剧中，钉子也是重要的情节载体。比如京剧《钓金龟》中，弟弟就是被见财起歹心的哥哥嫂子合谋了，趁弟弟熟睡，将一根大钉子从弟弟百会穴处钉入弟弟脑中，致弟弟于死地……

包公案中也有类似的情节——包公审一命案，百思不得其解。忽一日捕快头建议——“老爷可散开死者发髻，也许会发现死者是被钉死的。”包公依言，于是案破。于是进而犯了疑惑，问捕快头怎么会想到这一点？捕快头从实招来，是自己老婆指点的。问那女人可是捕快头的原配之妻。答非原配。问其先夫怎么死的。答不明暴症而亡。包公听罢，心中已做出了七分判断，命速将那女人传来，当堂一审，一吓，女人浑身瑟瑟发抖，从实招了——原来她竟是以同样手段害死自己先夫的……

在法国小说《双城记》中，关于钉子的一段描写使我留下至今难以磨灭的记忆——暴动的市民在女首领的率领之下夜袭监狱，见老更夫躺在监狱门前酣睡着。女首领下令杀他，听命者殊不忍，说那老更夫乃是一位善良的好人。但在女首领看来，善良的好人一旦醒来，必然呼喊，则必然破了“革命”的大事。于是亲自动手，用铁锤将一根大钉砸入老更夫的太阳穴——后者在浑然不觉中无痛苦地死去。尽管书中写的是“无痛苦”，但我读到那一段时，仍不禁周身血液滞流，一阵冷战……

革命和反革命镇压革命的手段，每每具有同样的残酷性。“你死我活的阶级斗争”这一句话，细思忖之，难免令人不寒而栗……

世界上有四根钉子是最不寻常的——那就是将耶稣基督活活钉死在十字架上的四根钉子。人类中极为众多的一部分一想到他们的信仰之神，肯定便会同时想到那四根钉子。它们被基督徒们视为“圣钉”。它们竟因沾了基督的血而被一部分人类牢记着。它们虽被视为“圣钉”，但对于基督徒们来说却意味着一桩耻辱，它们是这世界上唯一直接钉入信仰的物质之物。五百多年前意大利文艺复兴初期的伟大画家曼特尼亚的名画《哀悼基督》中，基督两只脚的脚心和双手之手背上的钉孔被画得触目惊心……

将人钉死在十字架上的残酷做法，似乎是罗马人惯用的。除了基督，他们还钉死过伟大的奴隶战士斯巴达克斯和他六千余名因负伤而失去了战斗能力的战友。尽管《斯巴达克斯》这部书中不是这么写的，但在我上中学时，讲世界历史的老师却是这么讲的。并且，《斯巴达克斯》这部电影中，也是这么表现的。故在我少年的思想中，罗马的统治者是极端暴戾的统治者，罗马帝国的军队是极端暴戾的军队。对它后来的衰亡，我一向心怀当代人的幸灾乐祸……

俄国小说《父与子》中写到一位名叫巴扎罗夫的早期革命者。他的职业是乡村医生。但他像鲁迅一样，相信与其治病救人，毋宁先启蒙人们的思想。他明白革命是冒险的必定要饱尝苦难的事业，于是他经常睡在钉满钉子的木板上，就像今天的硬气功师们当众表演气功那样……

二十世纪有一个美国人，他体内被钉了长短三十六根铆钉以后仍活了近二十年。一次车祸几乎使他全身的骨头都不同程度地受损。医生为他做的那一次手术，仿佛用钉子钉牢一只四分五裂的凳子……

法国巴黎蓬皮杜艺术中心的某一展厅内曾展出过大约三四百根崭新的、一寸多长的钉子。那些钉子大约是迄今为止，世界上唯一被“艺术品”化了的一些钉子。丝毫也没有任何其他的艺术性陪衬，更没被加工过。就那么尖端朝外一根根呈扇形摆在水泥地上，摆了几组。而且，单独占据一个不小的展厅。参观者们进入，绕行一圈，默默离去，那一层厅里无人驻足过。

我访法时，曾以虚心求教的口吻问法方翻译：“有什么人看出过其中的艺术奥妙吗？”他摇着头回答：“目前还没有。”问艺术“创作”者何人？答曰名气不小。我说我儿子也能摆成那样。他说——

但只有一个法国人这么想：自己既可以认为那就是艺术创作，又有勇气向艺术中心提出参展申请。我说，那么使我感兴趣的倒非是那些钉子，而是中心艺术审查委员们的鉴赏眼光了。他说，正因为他们的艺术鉴赏眼光与众不同，才有资格作为艺术审查委员啊！据报载，今年艺术中心将一批毫无意义的“垃圾展品”清理掉了——不知其中是否也包括那些被展出了二十多年的钉子？那些钉子常使我暗想——有时我们人类是不是太容易被某些“天才”们愚弄了？

不是在戏剧中，不是在电影中，不是在小说和《圣经》中，而是在最近的现实中，同时又成了罪证的一根钉子，目前在中国某县的法庭上被出示过——一个做继母的女人，用一根钉子害死了后夫四岁的儿子。她先用木棍将那儿童击昏，接着将一根大钉子顺着耳孔狠狠钉进了那儿童的头颅……

这即使是戏剧中或电影中的一个情节，也够令人胆战心惊的了，何况是真事？故我确信，有些人类的内心里，也肯定包藏着一根钉子。当那根钉子从他们或她们内心里戳出来，人类的另一部分同胞就不可避免地会受到危害。一个事实恐怕是——人类面临的许多灾难，十之五六是一部分人类带给另一部分人类的。而人类最险恶的天敌，似乎越来越是人类自己。在二十一世纪，人类如何从这种最大的生存困扰之中解脱出来呢？

真话的尴尬处境

人生下来，渐渐地学会了说话，渐渐地也就学会了说假话。之所以说假话，乃因说真话往往会弄得自己很尴尬，弄得对方也很尴尬，甚至会弄得对方很恼怒，于是也就弄得自己很被动，很不幸……

相传，清朝光绪年间，有一抚台大人微服私访民间，在路上碰到一个卖油条的孩子，便问："你们抚台大人好不好？"孩子说："他是瘟官！"抚台大人一听极怒，却克制着，不动声色。回府后，命衙役把孩子捉去，痛打了几十板子……

后来这孩子长大了，按俗常的眼光看还颇有出息（他能颇有出息，实在得感激说真话的那一次深刻教训）。某次大臣找他谈话——大臣："你看这篇文章写得怎么样？"他说："我认为是好的。"大臣摇了摇头。"我是说，从某种意义上讲是好的。"大臣摇头。

"我说的'从某种意义上讲'，是针对……"

大臣摇头。

"确切地说这篇文章有些逻辑混乱"

大臣摇头。

"总而言之，这是一篇表面读起来是好的，而本质上很糟糕，简直可以说很坏的文章！"他以权威的口吻做出了最后的权威性的结论。

其实大臣摇头是因为感到衣领很别扭。然而大臣对他的意见十分满意，于是大臣在国王面前说了他不少好话。一天国王将他召去，对他说：“读一读这首诗，告诉我，你过去是否读到过这样文理不通的歪诗？”

他读后对国王说：“陛下，你判断任何事物都独具慧眼，这诗确是我所见过的诗中最拙劣最可笑的。”

国王问：“这首诗的作者自命不凡，对不对？”

他说：“尊敬的陛下，没有比这更恰当的评语了！”

国王说：“但这首诗是我写的……”

“是吗？……”

他心头掠过一阵大的不安。随即勉强镇定下来，双手装模作样地浑身上下摸了个遍，虔诚地又说：“尊敬的陛下，您有所不知，我的眼睛高度近视，刚才看您的诗时又没戴睛镜。能否允许我戴上眼镜重读一遍？”

国王矜持地点了点头……

他戴上眼镜重读后，以一种崇拜之至的口吻说：“噢，尊敬的陛下，如果这样的诗还不是天才写的，那么怎样的诗才算天才写的呢？……”

国王笑了，望着他说：“以后，你得出正确的结论之前，不要忘了戴上眼镜！”

我将这三个故事“剪辑”，或曰拼凑到一起，绝不怀有半点暗讽什么的企图，只不过想指出——说假话的技巧一旦被某些人当成经验，真话的意义便死亡了。真话像一切有生命的东西一样，是需要适合的“生存环境”的。倘没有这一“生存环境”为前提，说真话的人则显得愚不可及，而说假话则必显得聪明可爱了。如此的话，即使社会的良知和文明一再呼吁、要求、鼓励说真话，真话也会像埋入深土不具发芽的种子一样沉默着，而假话却能处处招摇过市畅行无阻。

狮、人及其他

首先让我们来说狮。狮是凶猛的猎食者，也是非洲原野上的王者。我在一篇关于动物的杂感中，认为狮有“黑社会老大”的粗鄙相，与同样是山林王者的虎一比，只不过是原野恶霸而已。虎却是真有王者之仪的。虎身上还透着“隐”的意味儿。长啸之后，一只虎在山林中神秘地出现，于是仿佛整个山林为之肃穆。虎使人感到是有文化的兽，虎使人觉得是山林文化的魂。栖虎之山林，使人心生敬畏。

狮却往往是成帮结伙的，狮是极少的身上没有花纹的大兽。而且，毛色永远地是那么难看，也永远地没有光泽。我认为在一切颜色中，棕色是无论深浅都会使人眼产生不舒服反应的一种颜色。而狮的毛色接近棕色，有时看去，甚至是很脏的与土色或黑色相混过的那一种棕色。总之，狮往往给人以蓬头垢面、遍身灰尘的印象。

《狂野非洲》的片头是极具视觉冲击力的。一连串飞快变化的每一瞬间都是精彩的。而且，是足以惊心动魄的。喜欢此电视节目的人肯定注意到了，狮在《狂野非洲》片头的两个瞬间出现过。其一，粗树干后，一张狮面鬼祟探出，做贼窥状，使人联想到中外电影中的密探嘴脸，或盯梢者嘴脸，活脱体现了兽王险诈的另一面。

其二，一头雌鹿在灌木后凌空一跃（显然，后有猎捕者），几乎与此同时，灌木后也凌空跃起了一头狮。狮遭到鹿的一跃地冲撞，于是腹上背下，仰在半空。而那鹿正中狮的下怀，狮的四爪自下而上紧紧抱住了鹿，爪钩分明地深抓到鹿的皮下了。同时，它锐利而致命的齿，咬进了鹿的颈子……

那狮肯定是预先埋伏在那儿的。它不无谋略。那一动物间的弱肉强食的镜头，堪称珍贵。狮是天生之凶猛的猎食动物，上帝是这么规定它在非洲原野上的角色的。故其猎食情形无论多么血腥，都是符合自然法则的。何况，自然界的弱肉强食，并无哪一种吃法是斯文的。

但一头吃饱了的狮，尤其是雄狮，倘不卧着打盹，倘仍觉精力过剩，它就要干一件很“伤天害理”的事了。

究竟是什么事呢?

它踞立高处，四顾搜寻，企图发现猎豹的家。猎豹的家，往往是“单亲家庭”。儿女一断奶，猎豹父亲们就重做流浪汉，再逐新欢去了。狮一旦发现视野内有猎豹的家存在，便奔过去，将小猎豹一一咬死。它并不吃它们。因为它并不饿。它只不过咬死它们，怀着一种灭门般的仇恨，怀着一种“斩草除根”的快感。倘雌猎豹正守护着小猎豹们，或刚巧从别处赶回来，免不了为保护儿女而与雄狮拼死一搏。但猎豹哪里是雄狮的对手，或遍体鳞伤，眼睁睁地看着儿女惨死，或将自己的性命也搭上。

动物学家们认为，狮的这一种灭绝别的兽种的行径，乃因独霸一方，彻底消除“竞争对手”的本能促使。猎豹也是非洲原野上出色的猎食者，其猎食本领的高强，每使狮们望尘莫及。所以，雄狮以对猎豹实行“斩草除根”为己任，达到自己永远垄断非洲原野生存资源之目的。

在大兽中，包括一切大的猎食猛兽中，除了狮，再没有“思想”

如此阴暗歹毒的了。

狮不仅对猎豹那样，对同类也心狠手辣。

《狂野非洲》中有一辑是《母狮辛酸泪》——表现一头母狮，既肩负着哺养两只幼崽的使命，亦须照料还在“花季”的妹妹。妇幼四只狮相依为命，全由母狮来解决活着的基本问题——吃的问题。

“她们”被一头雄狮跟踪多日了。

因为雄狮看上了母狮。

既然看上了，“他”就要达到占“她”为妻之目的。所以“他”必咬死“她”的儿女，以干干脆脆地结束“她”当年轻母亲的责任，早日在“他”的追求下进入发情期。所以“他”必驱走“她”的妹妹，“他”不愿自己向往的蜜月生活有累赘。而且，“他”干掉“她”的儿女，亦因它们是“前窝”的崽子。

而“他”乃王者，“他”所荫庇的幼狮，必须是“他”的种。

“他”的阴险和歹毒，几番遭到了那母狮舍生忘死的抵抗。而其目的最终还是达到了。当“他”踞立高处，嘴脸上和须上染满鲜血，傲慢又冷酷地俯视着悲怆至极的母狮时，我顿觉狮这一种所谓兽王，不但有“黑社会老大”的粗鄙之相，简直还很流氓。

在自然界，动物间虽有弱肉强食的一面，却也每体现出动人的善性。亲情、友情、爱情，在它们那儿，往往比人类之间还美好。狮的以上行径，除它们而外，几乎另无例子。当然这里指的是大兽。在虫类，比如不同种类的蚁间，也有相互灭门、斩草除根，或掳了对方为奴的现象。

由狮进而联想到了埃及的人面狮身石雕。众所周知，它在希腊神话传说中叫斯芬克斯，它是智慧和邪狞的杂交。当它以谜语考问路人时，它是智慧的；当人答不出，它吃人时，是邪狞的。

它还是王权的象征。是王权不甘消亡而终于消亡了，消亡了以后仍企图在人世间威慑人们精神的一种象征。一切王权皆有邪狞的一面，正如狮有那些流氓的一面。一切具有王权性质的政权，理念上皆必然地具有灭绝异己的本能意识，正如狮对猎豹的灭门和斩草除根的行径。一切王权的最高代表者和高层维权者，骨子里皆必然是自私自利的，正如雄狮为了使自己血脉的王种延续下去，连同类的后代也要咬死。真的，狮的以上本能，在大兽中绝对是独一无二地恶劣的，比如象，比如虎，比如熊，都并不像它们那样。当动物摄影家们将狮性之恶劣的一面展现给我们人类看的时候，实在是对我们人类很有益的教育。归根结底，狮性之恶劣一面，乃是非洲原野上之生存法则决定了的结果，那一法则使每一头狮都变得极端地以自我为中心。改变狮性之恶劣只有一策，那就是在它是幼狮时使它与人接触，获得一点人性的影响。相反，将人性改变得如狮性一般恶劣，也不是多么难的事。只要在人小的时候，将他或她浸泡在恶劣的文化里就够了。

恶劣的文化有一种恶劣又美丽的倾向。那就是极端地宣扬以自我为中心，极端地鼓吹以自我为中心；极端地偏爱以自我为中心——仿佛彻底地以自我为中心才是彻底的个性自由。

于是我的眼看到在现实生活中，不少人尤其是自以为拥有成熟文化的人，人性中都或多或少有着非洲狮的恶劣狮性。他们以非洲雄狮那一种内心里的阴暗和歹毒对待周围的“猎豹”们，也恨不得以非洲雄狮那一种冷酷的方式征服女性。于是我的眼转而向历史去寻找答案，结果发现了一种毒素，那就是认为崇尚恶欣赏恶贩卖人性是天经地义的事情。

但是此种文化的流弊是显而易见的。因为它并不能培养一批雄狮般的男人，实际上只不过造就了一群窝里斗有理、窝里横万岁的骨子里的宵小之辈。

我祈祷，如虎一般的男人出现，他们才令我刮目相看……

选择的困惑

某次，与林非先生共同参加一次文学颁奖活动，我就坐在他的旁边。确切地说，那是一次中学生作文赛的颁奖活动，台下是来自全国许多省份的获奖中学生。他们胜出的比例是一比一百多。我在表示祝贺时说，他们实在是有理由感到骄傲的。作文与文学创作当然是不同的。但我认为，经过数道评委们的筛选，以一比一百多的比例胜出了的优秀作文，是完全可以用看待文学作品的眼光来看待的。

回答问题是免不了的。同学们有的向我提问，有的向林非先生提问。林非先生是我所尊敬的文学界长者，然而我却是第一次见到他。

我留心到，林非先生在回答中学生们的问题时，第一句话总是这样说——“这个问题，我不一定能够回答得好，但我争取给同学们一个满意的回答……”

其谦彬彬，其诚笃笃，令我肃然。并且，他的回答，言之成理，每次都确乎令同学们满意。我相信，他的话对同学们是大有裨益的。活动结束以后，我搀着林先生往台下走时，情不自禁地对他说：

“我要向你学习。”林先生站住，看着我不解地问：“向我学习什么呢？”我说：“谦虚。以后我也要对我的学生们经常说——这个问题我不一定能够回答得好……”林先生连道：“是啊，是啊，太复杂了。所以回答好一个关于文学的问题，即使是由中学生提出来的，实在不是一件容易的事情了。”他沉吟片刻，又说：“我们头脑之中以前认为肯定正确的文学理念，现在又剩下了多少呢？还能自信到什么程度呢？”我默然，深思……后来，无论在课堂上回答我的学生们的问题时，还是在指导我的学生们的论文时，我偶尔开始这么说了：“这个问题我不一定能够回答得好……”有时还要加上一句：“这个问题我的看法也不一定是对的……”

然而我发现——在我这儿，谦虚的效果并不那么好。因为，我的学生们希望听到的是我的自信的回答。毕竟，我与文学发生的亲密关系，比他们要长久得多；我读的书，也比他们要多得多；我头脑里每每思考不止的关于文学的理念，还要比他们多。我较善于将诸种关于文学的现象，置于中外文学史的宏大背景之下来进行考量；而那史，对于他们，往往只不过是书本上的概述或年表……

我的学生们虽然也像大多数当代青年们一样个个无比自负，但他们内心里又都十分清楚，他们明白的终究还是太少了。倘我一味谦虚，连我应该肯定地回答的一些问题，都不做肯定地回答了，那么他们非但不会欣赏我的谦虚，反而会对我大失所望的。

由此我想到了另一个问题，即选择的困惑。

通常情况之下，我们在好的、不好的，甚或坏的三种答案间进行选择时，其实并非一件难事。这三种答案，大多数情况之下区别是显而易见的。难就难在，有时候我们所面临的选择不是三种，仅是两种，而且两种都是坏的。

在青少年面前自骄自大，俨然以“祖师爷”自居，或在他们面前无原则巴结，尽显奉迎取悦之能事，便都是坏的选择。如果一个人把自己弄到了在青少年面前只剩那么两种态度选择的地步，那么自己首先也就着实可悲了。

反过来也难。比如林非先生的谦虚，无疑是长者的美德；而我有时候敢在青少年们面前大声说——你们肯定错了！你们要相信我一次，我的话是对的！这态度也是要的。

倘我变了，青少年们所能听到的，坚决不赞同他们的声音，只怕就更稀少了。倘我行我素，我在青少年们眼里，可能就渐变为一个自以为是，动辄一厢情愿地诲人不倦好为人师的讨厌之人了。谦虚的修养，我所欲也。“你们青少年肯定错了！”——这一种成年人的话语权，我也还要坚决地保留。

正所谓鱼与熊掌，二者不可兼得，是以困惑。但目前，困惑期已经过去。因为在我写这一篇小文时，终于自行地想通了——正确的话正因为它是正确的，所以最没有必要厉声厉色地来说。

“我不一定能够回答得好，让我尽量给你们一个满意的回答……”

对于我，学林先生那么谦意彬彬地对青少年们说话，是一种修养方面的进步。

“你们肯定是错了，而我是对的。因为我说出的不是我一个人的想法，而是通过我的嘴，将数千年来中外某些关于人类原则的思想成果告知给你们……”

如果我对自己的话无比自信，我也完全可以继续以我的语言方式与青少年，包括我的学生们沟通——只要不再以训人的方式。甚或，就是偶尔又训了，也不必太过自责。

中国之当代某些青少年，有时确乎也是需要有几分胆量的人训训才好的；训了而遭千万只狼崽子似的“围咬”，又何必害怕？

他们毕竟不真的是狼崽子，而是我们的孩子。无论已多么像狼崽子，归根结底，那错也首先错在我们大人。因为一个事实是明摆着的——某些关乎人性的伦理的人类荣辱观的底线，不是我们的孩子们突破瓦解了的。有据可查。查一查，恐怕我们成年人不得不承认——那首先是我们可耻地干下的事情。

底线已遭处处突破，人性的普世伦理已遭大面积的瓦解，是非界限表面看似乎混乱不清，我理解林非先生口中说出的“复杂”二字，大概是感慨于此吧？在这种情况之下，成年人与青少年交流、沟通、谦虚抑或相反，倒还在其次了。

更重要的是——我们要将一种人类文明发展至今显而易见、不言而喻、毫无疑问的世事观点表述得较为正确，在我们的青少年们连对那样一些世事观点也质疑多多时，使他们信服他们所接受了的是正确的观点，这已经不是一件容易之事了。

我其实并不好为人师。

而我现在“不幸”已为人师。

更不幸的是——我对由自己口中说出的不管文学的、文化的还是世事的观点，真的是否正确，竟越来越缺乏自信了。

悲哉也夫！

想来，也只有开口之前，认真，再认真地思考思考了。

第四章

在正确与善良之间

魂兮归来

仓促的，我归来了，正如我去时的仓促。惝恍的，我仿佛将什么遗落了——遗落在那个叫麻城的地方。遗落在那个地方的大山里。我知道遗落的不是一样什么东西，而是我的心魂。我便觉得归来的，只是我的一部分。我知道一切感受都将过去，就好像我不曾感受过。然而即使它过去了，我想，我也不会再是从前的我了。起码少了一点儿大都市人的矫情了。

完全是偶然的，我和我的十几位作家朋友关心起麻城那个地方来，关心起那里的一位山区小学教师来，他的名字叫胡大清。他所教的孩子都是穷困的山民们的孩子，他出现在中央电视台《经济半小时》节目举办的新年联欢会上。当节目主持人请他说几句话时，他讷讷地竟一句也没说出来，他是那么局促，那么诚惶，似乎与周围的欢娱格格不入。他穿着一件半新的“涤卡”中山装，而那可能是他最好的一件衣服，事实上也正是如此，他的样子似乎来到了异国他乡。欢娱有时是需要金钱来营造的。他的样子立刻使人明白他来自偏远而穷困的地方，而那地方也是我们中国的一部分，生活着我们一部分中国人。

瞬间我觉得中国缩小了。这要首先感谢中央电视台《经济半小时》节目的领导者和工作人员。除了胡大清，他们还请了另外三位普通劳动者——一位清洁工、两位地矿工作者父子。也许他们实际上已经不普通，已经获得了某种荣誉。比如胡大清已经是国家级优秀教师，尽管是一位小学老师。但节目主持人在介绍他们时，似乎有意“忽略”了这一点，只介绍他们的事迹。因而在那些欣赏节目的人们和嘉宾中，他们的与众不同便格外地突出了。晚会的气氛在那一时刻也便显得格外庄重。并且，融入了一种真诚，和一种对普通劳动者的特殊的敬意。

这一点感动了作家们，于是他们——四位普通劳动者的事迹，也感动了作家们，使作家们的心灵肃然起敬。

在电视屏幕上，那一切只不过是几分钟之内的事，摄像机的镜头早已不再对准他们了，我家中的电话铃却频频开始响起。

“晓声，看过刚才《经济半小时》的晚会节目了吗？”“晓声，注意到那个山区小学教师了吗？”“晓声，当介绍那两位地矿工作者父子时，我眼眶湿了。”我相信，因为我自己当时眼眶也湿了。当父子相聚在北京时，长期的离别使父亲不能从人群中认出儿子，也使儿子不能从人群中认出父亲。到火车站接父亲的儿子，只好求助于广播。有时，生活本身的真实，远比作家构思的情节更令人动心，真正的作家从来都是与人民的心相通的，真正的作家的灵魂之中永远保留着人民的位置。“人民”二字对真正的作家从来不是抽象的名词或概念。这一点事实不由他们的笔是否只写人民来判定，而由他们的情感幅度来证实。在这一前提之下，他们的笔为识字的人尤其为有阅读习惯的人们而创作，他们却用心去关注那些可能不识字的在贫穷的泥淖中匍爬的人们。也许有人轻蔑这种情愫，说这不过是同情。但如果没有了一些人对另一些人的同情，也便没有了一些人希望能为另一些人做些什么的冲动，那么世界上大概就只剩下了人为自己做什么的冲动。而世界真到了这种地步，是连仁慈的上帝也会产生厌恶的。

于是便有四册签上了十几位作家的名册送到了中央电视台。在他们签名后面是为四位普通劳动者所作的小诗。而每一首小诗，都是作家们在电话中一人一两句组成的。当然都谈不上是最好的诗，但却是一种最真的情感。给胡大清老师的诗开头是这样写的：

在一切有孩子的地方，
就应该有学校。
在一切有学校的地方，
便会有教育的诗篇。
你的小船你的双桨，
荡起你如歌的行板。

结尾是这样写的：

为你，为你那所破败的学校，
和你那些贫穷山民的孩子，
我们能做些什么呢？
我们虔诚地想……

这最后一句，和开头一句，究竟出自哪两位作家之口，连整理记录的我，也记不清了，他们为胡大清老师筹集了一千元钱。《经济半小时》的主持人敬一丹同志要去采访胡大清老师，我和铁凝应邀陪同前往。临行，十几位作家嘱托我们——你们去看看也好，或许我们还能做些什么。

这些作家是：李国文、陆文夫、蒋子龙、从维熙、谌容、张洁、叶楠、刘心武、张抗抗、张弦、陈丹晨、冯立三等。

我和铁凝十分看重友人们的这份真情实感，于是我们代表他们去了。如今我们回来了，那感受真是太多。因为我们亲眼看到了我们九百六十万平方公里土地上至今仍纠缠着我们一部分人民的另一种现实——穷困，而它与日益繁华的大都市相映照，更加显得咄咄逼人。

湖北省麻城市地处湖北、河南、安徽三省边缘交界，是全国三十几个至今尚未脱贫的地县之一，也是著名的老区之一。邓小平曾在那里生活过，李先念曾在那里领导过农民武装队伍，大将王树声、我军著名将军秦基伟、陈再道、许世友都是麻城地区人。据说，在最初的人民军队中，每十人中，就有两个麻城人。麻城人民，为中国人民的解放事业，献出了三十万优秀儿女的生命。

革命在最穷困的地区发生这当然是革命的规律。可是为什么革命的老区，在解放四十年之后，往往仍是我们九百六十万平方公里土地上最穷的地方呢？我们看到了什么叫家徒四壁。我们体会到了为什么一元钱在那里的人民看来仍是需要掂量着花的钱，我们看到了短得不能再短的铅笔头握在一双双脏乎乎的小手里，我们看到了一个作业本正反两面写满密密麻麻的字还在继续使用，我们看到了孩子们带的菜是用淡盐水腌的葱叶，我们看到了营养不良的孩子们的瘦小身躯，与大都市的同龄的孩子们相比，他们看上去至少小三岁。当大都市的孩子们不吃肉吃腻了肉的今天，他们非到过年过节是很难吃上肉的。他们没吃过“紫雪糕”。我们今天在孩子过生日时，可能随手给孩子五元钱或十元钱！而那里的孩子，他们的家长，也许仅仅因为拿不出五元钱或十元钱，孩子不得不弃学……

而县里的同志告诉我们，在全国三十几个尚未脱贫的地县，这个县不是最穷的，甚至可以说是中等经济水准的。我们去的地方，也非这个县最穷的地方，可以说是中等水准的。而县里的领导同志告诉我们——他们是极其重视教育事业的。他们已拿出全县三分之一的经费兴办教育事业。

我们相信这一点，并且感受到了这一点。“再穷也不能穷了教育，再苦也不能苦了孩子！”“宁肯自己苦几年，不让孩子当文盲！”“不嫁文盲夫，不娶文盲妻。”书写在沿路山石和村中宅墙上的标语，使人思想震颤。有些父母为了供一个孩子读书，那真可以说是全家人跟穷困拼了！但我们并不是教育工作检查团。我和铁凝，不过是受电视台邀请，又受作家朋友们之委托，为传递一种虔诚的情感而来。电视台的敬一丹同志，不过是为对胡大清老师跟踪采访而来。我们这些共和国的同龄人，一脚踏入了我们共和国的另一种现实。尽管我们曾想到我们是去一个穷困的地方，但看到的情形还是使我们默默流泪不止。

如今我虽又坐在自己的家里伏案写作，可确有魂系麻城之感。由麻城而想到了一切老区人民，以及全国三十几个至今尚未脱贫，也就是说在温饱线以下的地县的人民。

我想铁凝该也是如此，我想敬一丹同样如此。麻城人想尽了办法，却并未能代我们买到卧铺票，但为我们搞到了一张卧铺票的条子。然而上了车后补卧铺票的人太多了，望着那些在子夜后显得疲惫的人们，尤其是老人、妇女和孩子们，我们都不再觉得唯自己是最应该得一张卧铺票的人了，我们默默就地躺了下去。我们竟都那么睡得很实。

我们自身仅仅少了一点儿矫情是不够的，我们仅仅怀有某种感情也是不够的。我们究竟还能为那些咄咄逼人的穷困所纠缠的人们做些什么呢？我们一路都在想，所幸我们想出了一些值得我们花些精力尝试去发起去做的事情。

哪怕仅仅能使某一穷困的地方某一所小学的状况有所改观，这便是我们的一点儿自慰了。

喀戎与世界读书日

“我已经在这荒漠之地奔跑了几个昼夜，为了寻找一条光明大道。我身后扬起滚滚宏尘，遮蔽着许多和我一样迷惘的身影。我知道那飞扬的沙土不可能是正常的人类奔跑时所能造成的，于是我不但迷惘而且越发羞耻……”

“我是人马喀戎的后代，我对此原本有种隐秘的傲慢。可是我妻子告诉我这是一个人类的时代，我这样的不同寻常是可耻的，所以我隐去了马的身体。但这又使我感到自己像是潜伏在人类中的奸细，后来我渐渐分不清我的马身体可耻还是我隐去马身体可耻……”

在世界读书日的前几天，我班上的一名女生怯怯地交给我一篇她写的小说，题目是《恐怖》。她一向坐在第三排或第四排，直到那一天我才知道她的名字叫刘筱，她的小说写出了她这一代人成长期的烦恼和苦闷。当他们的烦恼和苦闷与太多的对错是非纠缠在一起，并且对自己得出的结论那么缺乏自信，对别人给出的结论又那么怀疑时，其烦恼和苦闷便确乎有几分恐怖了。在他们还非是大学中文学子以前，他们还不像现在这么敏感。故以前的烦恼和苦闷是较单纯的，普遍的那一种。现在，变得复杂了，因为他们面对面遭遇了文化。而开始文化了的人，判断是非对错的能力都将面临新的检验……

刘筱是具有文学才情的女生，这一发现使我欣喜。她在修辞方面的良好感觉是不容置疑的，她缺少的是人生经历睽注别人们的人生的视野。但是我确信时间和年龄会替她补上那一课，这是我力不从心的。进言之，我确信她具有成为作家的潜质，只要她日后对写作这件苦行僧似的事甘愿坚持下去。我想，我当郑重地告诉她这一点。并且告诉她，我的话非是一般教师对学生的鼓励之词。

隔日我出席某大学的校园文化节，我将回答一个我一直未能说明的问题，即我们人类为什么在父亲节、母亲节、教师节、妇女节、儿童节、劳动节、世界环保日、各种宗教活动日后，还要确定一年中的某一天为世界读书日？书籍和人类的关系真的如此不容忽视吗？

我的学生的小说给了我启发。

依我想来，我们全人类都曾是喀戎的后代。某类古猿是我们的祖先，达尔文的这一观点已经基本上被接受。而我们也曾是喀戎的后代，则要由人类的文化史来证明。

喀戎，这希腊和罗马神话中人面马身的怪物，在许多方面多么像我们啊！它有我们的脸，有和我们相同而比动物高级的种种欲望，所以它不是彻底的兽。然而它那马的身体，它那几乎没有理性可言，终日只知一味顺着欲望的支配行事，一旦受到阻碍便易怒，于是狂暴危险的性情，又使它与人有着太大的区别。

这怪物也曾希望进化为人吗？

希腊神话和罗马神话都没有这方面的记载。

但有一个人肯定地说有。并且，在古猿和喀戎之间，他似乎也更愿意承认自己是喀戎的后代；他却不是一个中国人，而是一个法国人，他的名字曾享誉全球，他是伟大的雕塑家罗丹。如果他仍活着，该有一百五十岁了。

罗丹雕塑了喀戎，它是他唯一的一件非人物作品，这是耐人寻味的。

罗丹雕塑了喀戎是特别的，也可以说是令人震撼的——从那怪物躯体中，正在向外，同时也显然是向上，挣扎出一个人的躯体来。呈现出一种力，一种痛苦，一种夙愿和一种希望。如果成功，是人类在精神方面的进化；如果失败，是人类在精神方面的退化。那力是必须向上的，只能向上的。倘非向上，挣扎注定是徒劳的……

结果我们都知道的，当初的我们那个远古祖先，他成功了。如果说人类真正的是从公元前三千五百多年楔形文字产生以后算起，那么迄今为止，他用了五千五百余年完成了他终于不再是半人半兽的怪物，而是一个完全的人的过程。

这是比罗丹的雕塑更伟大的。

一个问题是——人靠什么具有那一种持久的、伴随着痛苦而又无比虔诚的力？

后来人类的历史告诉我们——靠的是书籍。

书籍不是上帝赐给祖先的，是祖先在那一精神向上挣扎的过程中记载下的日记。

那么，现在我们差不多可以这样说——全部的书籍，大致分为两类。一类记载着我们的精神向上的欢欣，以及为最终实现目的所必备的智慧；另一类记载着我们挣扎过程的痛苦和经常面临的迷惘，并将人类喀戎时期的行径呈现给自己看，以鼓励我们继续向上，诫示我们不要在精神方面再退化为人马。因为人马实在不配是人，甚至连良马也不配是，而只不过是——地球上半人半兽的怪物。

这就是为什么，我们要由联合国教科文组织在一年中确定某一个日子为世界读书日的理由吧。

喀戎是不知感恩的。

现在我们已经是人了，我们已意识到感恩对于人类是多么必要。

四月二十三日，这是我们人类对于书籍的感恩节。

那么，我们也差不多便同时回答了另一个相关的问题——什么是好书？什么又是不好的书，抑或坏书？

如上所述，举凡一切引领我们继续在精神方面向上，继续保持美好人性美好情操的书（想想吧，人类修成人性是多么的不容易，五千五百余年的过程啊，难道不值得保持吗），皆好书。亵渎此点的书，恐怕就不那么好了。亵渎是快事，有时我们竟享受这种快感。那是喀戎的能事。我们身上毕竟还有着喀戎的基因。但我们又毕竟已是人，通常现象是，亵渎之后，我们每人反省。淋漓尽致地呈现假、丑、恶的书也不一定便是坏书，因为作者完全可能是出于告诫的意图——呈现我们身上的人马基因的活动状况给我们看，使我们因羞耻而不愿再生出蹄子和尾巴。

那对人马行径极尽炫夸赏乐之能事，意在引诱我们退化回去的书，全世界到处可见，自然是不好的。

因为做人马绝不会比做人好。

分不清告诫的意图和引诱的居心怎么办呢？

那就先看已有定论的好书吧。

对于好能识了，对于坏也就善辩了……

人间自有温情在

两年前有一陌生青年叩开我家门。

我一坐定就跟我谈人心之不古以及世道的险恶。

随后就谈“他人皆地狱”，一副视他人全是仇敌的样子。那是一种很激愤的样子，似乎他已活了好几百年，打从人心很古的时代活过来的，所以对人心之不古特别地痛心疾首，又似乎终于认清了一条真理，认清了宇宙间唯一的一条真理。这一条真理便是“他人皆地狱”。

大抵真理总有根据支撑着。

他说人都是极端自私的东西。

他说“人不为己天诛地灭”这句话再正确不过了。

他说他从他的生活经历中总结出了几条生活经验。其中一条便是——即使对那些热忱帮助你的人，你心里也须防着他。并且时刻问自己——他帮助你图的是什么？倘你是女性，那么对方一定有男人的非分之想无疑，倘你正在落魄之际，那么对方一定早已想好了，在你发达之后，向你勒索怎样的报答。所谓“无利不起早”。

我问他来找我干什么？是不是就为耳提面命的，对我进行这样一番“再教育”？

他这才从他的包里取出一个沉甸甸的大信封。说内中装着他的手稿，三十余万字。说要求我给看看。要求在三天内看完。说要求我推荐给某大型文学刊物。

我说:“‘他人皆地狱’——这是你信奉的真理。那么我对你来说，地狱也。我找你的地狱帮忙，岂不是太冒险的事吗？‘人不为己天诛地灭’——也是你信奉的。我呢，尽管原先不太信，现在却已被你开导得有些信了。你找上我家门，要求我这，要求我那，可我也是人呵。我也是极端自私的东西呵。我帮助你我能图着什么呢？若我什么都图不着，我不是无利而起早吗？我何苦来着？我已生着病，躺在床上看看书不好吗？”

他说:“算咱俩合作。算咱俩合作还不行吗？”——不惜血本大牺牲的口吻。

我说:“我还是不能帮助你。也根本不想帮助你。因为你对我来说，也是地狱呵。我帮助地狱，也是太冒险的事呵，恩将仇报的人很多。我怎么敢设想你绝不是那种人？”

他信誓旦旦地说:“请你一定相信我，我要是恩将仇报，天打五雷轰！”

我说:“你发誓也没用。你发再重的誓也不能使我相信地狱不是地狱。”

他瞪大了眼睛瞅我，愣愣地待在那儿。

看他那样儿，忍不住地，我就笑了。

我的话尽是调侃之词罢了。我并不跟他那么认真。倘我认真起来，兴许会把他赶出家门。张口闭口“他人皆地狱”，而又以一种似乎应该的口吻求于他人的人，是讨厌的。除非他所面对的是神父、教士、修女。而我与神无缘，和生活中的大多数人一样，涵养有点也有限，只能做到以凡人的情绪来对凡人的心态。

我没打从人心很古世醇厚的年代活过。有那样的年代，自然是很令人缅怀过去。我的童年和少年是在很穷很苦的生活中度过的，也同时品尝过那些年代人心和世风对穷人的不古。当然那时在我看来，生活远比现在单纯得多，单纯并不意味着就是美妙，未成年的人对生活的感受无疑是幼稚的。因为他能和生活摩擦到哪儿去呢？又能和他人摩擦到哪儿去呢？如今我们从许多回忆文章中都能看出，当年大人们之心并不古。非但不古，且彼此互为地狱的情况不少。后来“文化大革命”的发生证明了这一点。

所以我想说，世道从来不曾古过。人心呢？我看也从来不曾。

但是不古的世道，一向自有人间的温情存在。正如不古的人心，彻底变成地狱是例外的绝望。尼采说过的偏激的话，并不比任何一位哲学家说过的偏激的话少。而哲学家大抵一开始都是以偏激企图匡正什么谬误的。

有这样一则儿童寓言，始终指导我认识生活真谛。

它讲的是——一个孩子，救了一个小精灵。小精灵答应他，可以满足他的三个愿望。

于是孩子大声说：“让所有欺骗过他人的人都变成石头吧！”

结果一切人瞬间变成了石头。世界凝固了。孩子感到触目惊心的孤独，赶紧又大声说：“让一切为了善的愿望而欺骗过的人再变过来吧！”便有一半的石头人活过来了。他们活过来后，纷纷哭泣——因为那另一半仍是石头的人，和他们有着种种血缘的关系。孩子被那么多人哭得不知所措，慌乱中说出第三个愿望——“让世界恢复原来的样子吧！”于是一切人都活过来了。包括无耻的骗子们。于是世界就是现在这个样子，几乎不曾改变过。并且将永远夹在天堂和地狱之间。普遍的人心也是夹在天堂和地狱之间的东西。

有位二十二岁的姑娘，伫立在五层楼的阳台上，要往下跳。楼下的巷子里，拥塞了许多人，有人仰望她，有人期待她跳。期待亲眼一睹年轻的躯体怎样被摔得七窍流血一命呜呼……

有人大喊大叫：“跳哇！跳哇！吉昌不是跳下去了吗？唐嗄也跳下去了！现在该轮到你啦（电影《追捕》之台词）！……”这是一九八四或一九八五年发生在湖北省孝感市的事情。姑娘死了……对于姑娘，巷子里那些渴望看见她死的人，乃地狱，我们很难猜测她当时内心里会想到些什么。但，在那人群中，却有一位老汉，顿足疾呼：“姑娘，你千万不能啊！你还年轻哇！……”那老汉却遭到了他周围一伙流氓痞子的拳打脚踢。世上，是真有一些人的人心，只能用地狱比喻的。否认这一点是虚伪，害怕这一点是懦弱，祈祷地狱般的心从善，是迂腐。好比一个人愚蠢到祈祷这世上不要有苍蝇、蚊子、跳蚤、蛆、毛毛虫、毒蛇和蝎子之类。世界之所以叫世界，正因为它绝不可能干净到如人所愿的地步，世界是处在干净与肮脏之间的永恒的现实，人心也可以这样大致去加以分析。

在北京，有一对四十余岁的夫妻。丈夫患病，丧失了工作能力，每月只能开百分之六十的工资。妻子的工资也很低微。还有一对双胞胎女儿，还有老母亲。在目前北京的物价情况下，其生活之艰难可想而知。单位按章程办事，还照顾不到他头上……他当年是一个北大荒知青。他当年的知青伙伴们没有忘记他，每月每人出两元、五元、十元不等，有专人收齐，送到他的家里去……他们这样做已经整整三年了，还在这样做，他们会一直这样做下去的，这是毫无疑问的。还有不少温暖之手向他伸出，如果我们揣度他们这样做，有什么不可告人的动机的话，除了证明我们自己心里的阴暗和为人的混蛋，还能证明什么呢？

北京电影学院，有一位教创作的教师，当年是一位内蒙古兵团的知识青年。一次他在新街口“西安餐馆”吃羊肉泡馍，见一喝醉了酒的蒙古族汉子伏桌失声恸哭，引起许多人反感。他将那蒙古族汉子扶出了餐馆，扶至一僻静处，询问到北京来办什么事？遇到了什么困难？何以悲哀？告曰独生子女不幸得了癌症，在北京住院。而当父亲的，因家中有急事，又不得不撇下女儿，赶回内蒙古去。女儿无人托付，去则不忍，留则不成，哭以宣泄……

他说：“你放心离开北京吧！我是当年内蒙古兵团的知青，我会代你经常到医院去探望你的女儿的……”他说到了，也做到了。他告诉那蒙古族少女：“我是你父亲的朋友。最好的朋友之一。”除了她的父亲，还从没有另外一个人到医院探望过她。每次同病房的人被探望，她是那么羡慕人家，而从此她可以获得一种情感满足了。北京对她来说，不再是举目无亲的城市了。北京有她父亲的“最好的朋友”。他答应她，会经常来看她，还给她读书，讲故事。能感受到这种关怀，对那患了绝症将不久于人世的蒙古族少女，是极其重要的，也是极其需要的。

一次他又去探望她。问她最想吃什么？她说最想吃羊肉汤，而且立刻就想吃到。他便走出医院去买羊肉。但他衣兜里却只有七角几分钱，卖羊肉的个体摊位的摊主嫌不值得一卖，不卖。他只好请求于人家。人家听他说完，默默操起刀，啪地一刀，砍下二三斤上好的羊肉，叫他拿走。且不收他一分钱。

他困惑了，反而愣在那儿。

人家说：“我当年也是内蒙古兵团的知青。善良的事，别叫你一个人做了，有机会，我也愿意做。”

他有什么不良企图吗？卖羊肉的也有什么不良企图吗？做如此揣度的人，只能是一种人——混蛋透顶之人。

若让小偷选总统的话，他们非常可能选扒手。并且，他们非常希望，每位受尊敬的人，其实都曾有过溜门撬锁的劣迹。更非常希望，能从人类知识中，寻找到偷窃行为属人类正当行为的根据。因而无数名人的言论，被败类奉为座右铭，是丝毫也不奇怪的事。连真理有时也不能幸免遭到亵渎。

地狱并不在别处，正在每一个人内心里。所谓“圣界”也不在别处，也正在每一个人内心里。

坏人是死不绝的，正如好人是死不绝的。我们常常被告诫，要防备坏人。而这个世界，即使糟糕到极点，令人沮丧到极点，也起码是一个好人和坏人一样多的世界。故“他人皆地狱”，起码在一半意义上不是真理，而是心理变态者的呓语。纵然这句话最先是尼采说的，也完全可以这样认为。

在美国的一座城市里，每到圣诞节，总有一位老人徘徊街头，将一双双崭新的温暖的手套，赠送给不相识的、出门匆忙忘了戴手套的人们，他这样做已经做了整整十年。当别人问他为什么这样做？他说：“能给予人们一点儿微小的关怀，我感到一种心灵的莫大愉快。”

他不是基督徒，也不是精神病患者。

在美国的一座城市里，有另一位老人在医院里将死去了。他唯一的愿望，就是死前能再见到他在另一座城市的儿子一面。院方虽然代他通知了，但他的儿子分明不能及时赶来。在他弥留之际，主治医生和护士走到了他的床边。他以为是他的儿子来了，紧紧抓住主治医生的一只手，说：“亲爱的孩子，你不知我有多么想念你……”护士要将他的手和主治医生的手分开，而被主治医生用表情制止了。主治医生说：“亲爱的爸爸，我爱你！原谅我来迟了！……”他示意护士搬一把椅子给他。他在老人床边坐下了，就那么被老人紧紧抓住一只手，从午夜到黎明，从黎明到天黑，坐了近二十个小时，直到老人那只手，自然地垂下……

这几件事，不是小说，是真人真事。

人间自有温情在。人间永远自有温情在。人内心里如果没有的东西，走遍世界也无法找到。善善恶恶，善恶迭现，世界从来就是这个样子。

信奉“他人皆地狱”的人，是很可怜的人。因为他的心，像木炭。吸收一切世间美好的温馨的情感，却体会不到那一种温馨那一种美好，仍像木炭。

这样的人，我认为，是不值得给予他们什么关怀和帮助的。即使他们在请求于你甚至乞求于你的时候，内心里也是阴暗的，也是对他人怀有敌意的。

尤其是，对那些张口闭口“他人皆地狱”的人，万勿引以为友。避开他们，要像避开毒虫一样。因为，真的可能对他人构成地狱之险恶的人，正是出在他们那些人之中。

这是我的人生经验，也是我对一切善良人的忠告。

谓予不信，你睁大眼睛，仔细观察你周围的人，听听究竟谁在那里张口闭口说“他人皆地狱”。你不难得出结论，那些人，恰恰是些怎样的人……

做竹须空，做人须直

“人生”对我是个很沉重的话题。

第五次文代会我因身体不好迟去报到了两天，会上几次打电话到厂里催我，还封了我一个“副团长”。

那天天黑得异常早，极冷，风也大。

出厂门前，我在收发室逗留了一会儿，发现了寄给我的两封信。一封是弟弟写来的，一封是哥哥写来的。我一看落款是“哈尔滨精神病院”，一看那秀丽的笔画搭配得很漂亮的笔体，便知是哥哥写来的。我已近十五六年没见过哥哥的面了，已近十五六年没见过哥哥的笔体了，当时那一种心情真是言语难以表述。这两封信我都没敢拆，我有某种沉重的预感。看那两封信，我当时的心理准备不足。信带到了会上，隔一天我才鼓起勇气看。弟弟的信告诉我，老父亲老母亲都病了。他们想我，也因《无冕皇帝》的风波为我这难尽孝心的儿子深感不安。哥哥的信词句凄楚之极——他在精神病院看了根据我的小说《父亲》改编的电视剧，显然情绪受了极大的刺激，有两句话使我整个儿的心战栗——“我知我有罪孽，给家庭造成了不幸。如果可能，我宁愿割我的肉偿还家人！”“我想家，可我的家在哪啊？谁来救救我？哪怕让我再过上几天正常人的生活就死也行啊！”

我对坐在身旁的影协书记张青同志悄语，请她单独主持下午会议发言，便匆匆离开了会场。一回到房间，我恨不得大哭，恨不得大喊，恨不得用头撞墙！我头脑中一片空白，眼泪默默地流。几次闯入洗澡间，想用冷水冲冲头，进去了却又不知自己想干什么……

我只反复地在心里对自己说两个字：房子、房子、房子……

母亲已经七十二岁，父亲已经七十八岁。他们省吃俭用，含辛茹苦抚养大了我，我却半点孝心也没尽过！他们还能活在世上几天？我一定要把他们接到身边来！我要他们死也死在我身边！我要送他们，我有这个义务！我的义务都让弟弟妹妹分担了，而弟弟妹妹们的居住条件一点儿也不比我强！如果我不能在老父老母活着的时候尽一点儿孝子之心，我的灵魂将何以安宁？

哥哥是一位好哥哥，大学里的学生会主席。我与哥哥从小手足之情甚笃。我做了错事，哥哥主动代我受过。记得我小时候生过一场大病，想吃蛋糕。深更半夜，哥哥从郊区跑到市内，在一家日夜商店给我买回了半斤蛋糕！那一天还下着细雨，那一年哥也不过才十二三岁……

有些单位要调我，也答应给房子，但需等上一二年，童影的领导会前也找我谈过，也希望我到童影去起一些作用。童影的房子也很紧张，但只要我肯去，他们现调也要腾出房子来，当时我由于恋着创作，未下决心。

面对着两封信，一切的得失考虑都不存在了。

我匆匆草了一页半纸的请调书——用的就是第五次文代会的便笺。接着，我去将童影顾问于蓝同志从会上叫出，向她表明我的决心。老同志一向从品格到能力对我充满信任感，执着双手说：“你做此决定，我离休也安心了！”随后我将北影新任厂长宋崇叫出，请他——其实是等于逼他在我的调请书上签了字。一开始他愣愣地瞧着我，半晌才问:“晓声，你怎么了？你对我有什么误解没有？”我将两封信给他看。他看后说:“我答应给你房子啊！我在全厂大小会上为你呼吁过啊！”这是真话，这位新上任的厂长对我很信任，很关心，而且是由衷的。岂止是他，全体北影艺委会都为我呼吁过。连从不轻率对任何事表态的德高望重的老导演水华同志，都在会上说过“不能放梁晓声走”的话。北影对我是极有感情的，我对北影也是极有感情的。

记得我当时对宋崇说的是:“别的话都别讲了，北影的房子五月份才分，而我恨不得明天后天就将父亲母亲哥哥接来！别让我跪下来求你！”

他这才真正理解了我的心情，沉吟半晌说:“你给我时间，让我考虑考虑。”

下午，他还给了我那请调报告，我见上面批的是“既然童影将我支持给了北影，我没有任何理由不将晓声支持给童影。但我的的确确很不愿放他走。”

为了房子，到童影干什么我都心甘情愿，哪怕是公务员。童影当然不是调我去当公务员，于是我现在成了童影的艺术厂长……

我已正式到童影上班两个多月了，给我的房子却还未腾出来。

我身患肝硬化，应全休，但我能刚刚调到童影就全休吗？每天上班，想不上班也得上班。中午和晚上回去迟了，上了小学的儿子进不了家门，常常在走廊里哭。

房子没住上就不担当工作吗？那也未免过分的功利了。事实上，我现在已是全部身心地投入我的那份工作，我总不能骗房子住啊！

“人生”这个话题对我来说真是沉重的，我谈这个话题如同癌症患者对人谈患癌症的症状……

我从前不知珍惜父母给予我的这血肉之躯，现在我明白这是一个大的错误。明白了之后我还是把自己“抵押”给了童影厂，现在我才了解我自己其实是很怕死的，怕死更是因为觉得遗憾。身为小说家面对这纷杂的迷乱的浮躁的时代，我认为仍有那么多可以写的能够写的值得写的。我最需要谨慎地爱惜自己的时候。亲人和朋友们善良劝告，我也只能当成是别人的一种善良而已。我的血肉之躯是父母给予我的，我以血肉之躯回报父母，我别无选择。这是无奈的事，我认可这无奈，同时牢记着家母的训导。

家母对我做人的训导是——做竹须空，做人须直。

在我的中学毕业鉴定中，写有这样的评语：该学生性格正直，富有正义感。责人宽，克己严……一九八六年，“文化大革命”第三年，我的鉴定中没有“造反精神”如何如何之类，而有这样的评语，乃是我的中学母校对我的最高评定。这所学校当年未对第二个学生做出过同样的评语。

在我离开兵团连队的鉴定中，也写有这样的评语：该同志性格正直，富有正义感，要求自己严格……

在我从复旦大学毕业的鉴定中，还写有这样的评语：“性格正直，有正义感，同“四人帮”做过斗争，希望早日入党……十六位同学集体评定，连和我矛盾极深的同学，亦不得不对这样的评语点头默认……

在我离开北影的鉴定中，仍写有这样的评语：正直、正派、有正义感，对同志真诚，勇于做自我批评。

我不是演员。演员亦不可能从少年到青年到成年，二十多年表演不是自己本质的另一个人到如此成功的地步！我看重“正直、正派、真诚”这样的评语，胜过其他一切好的评语。这三点乃是我做人的至死不渝的准则。我牢牢记住了家母的训导，我对得起母亲！

我尤其骄傲的是在我较长期生活和工作过的任何地方，包括一直不能同我和睦相处的人，亦不得不对我的正直亦敬亦畏。我从不阿谀奉承，从不见风使舵。仅以北影为例，我与历届文学部主任拍过桌子，“怒发冲冠”过，横眉竖目过，但他们之中的绝大多数，如今都是我的“忘年交”。我调走得那么突然，他们对我依依不舍，惋惜我走前没入党。早在几年前，老同志们就对我说：“晓声，写入党申请书吧，趁现在我们这些了解你的人还在，你应该入党啊！你这样的年轻人入党，我们举双手！有一天我们离休了，只怕难有人再像我们这么信任你了！”党内的同志们，甚至要在我走前，召开支部会议，“突击”发展我入党，是我阻止了。连刚刚到北影不久的厂长宋崇，对此也深有感慨。

我愿正直、正派、真诚、正义这些评语，伴我终生。人能活到这样，才算不枉活着！

人在今天仍能获得这些，当然也是一种幸福！所以我又有理由说，我活得还挺幸福。

最主要的，我自己认为是最主要的，我已并不惭愧地得到了，其他便是次要的、无足轻重的。

我对自己的做人极满意。

我是不会变的，真变了的是别人。一种类似文痞、流氓的行径，我看到在文坛在社会挺有市场。

我蔑视和厌恶这一现象。

真的文坛之丑恶，其实正是这一现象。

我将永久牢记家母关于做人的训导——做竹须空，做人须直……

好母亲应该有好儿子，反之是人世间大孽。

就是这样。

万里家山一梦中

什么叫乡情？

乡情便是——一个离乡很久之人没有机会说说自己的家乡，他就很难开心得起来了；而一旦有了说的机会，于是说起来收不住话匣子，神采飞扬。

我读胜友那一篇篇关于家乡亚布力的散文，每被字里行间浓得像野生蜜的乡情所感染，所感动。其情如亚布力野生的“三莓”果，一嘟噜一嘟噜的，一串一串的；也如“甜杆”，“细吮里面的浆汁，那种甘甘的甜味，一直流到肚里，爽在心头”。

胜友是我老乡，他我都是黑龙江人。我出生于哈尔滨市，胜友的童年和少年，显然是在亚布力的林区度过的，而亚布力这一北域小县城，距哈尔滨仅一百四十多公里……

但我下乡之前，是没去过亚布力的。

并且至今，也还是没去过。

当年不像现在，旅游这一件事，对于普通人家的孩子，是连在梦里都不敢一想的。

实际上，胜友散文中所写到的，关于亚布力的种种内容，我下乡后也终日可见，习焉不察了。故读的时候，眼前仿佛过电影，什么什么，皆扑面呈现。

北大荒也有林场，我是知青时，还在林区伐过木。自然，也住过些日子。当年我对于山林的感受，也是颇多新奇的。但山林之于我，终究没有如胜友般的乡情联系着。

由是想到，倘一个人的童年和少年时期是在北方的山林中度过的，倘那里的生活还不算太艰苦，那么未尝不是好事呢。

林区有趣的事物，比之于大大小小的城市，多得不胜枚举啊！一个人自幼接触了许多有趣之事，并且是大自然中的有趣之事，几乎可以算得上是一种幸运了啊！起码，中年以后，身居北京这样的闹市——回忆，是一种情感享受呢！也许还能安慰别的思乡的人们。

为什么我偏偏强调是“北方的山林”呢？因为北方的山林比之于南方的山林，不那么湿气弥漫。除非雨季，北方的山林一向是干爽的。到了秋天，北方的山林色彩缤纷，那一种赏心悦目的美，非是南方的山林终年单调的绿可比的。固然，绿养眼，但终年所见除了绿还是绿，确乎也会使人觉得色彩单调的。北方的山林，四季分明，一年里可见四种如画的美景。

胜友的这些散文中，有不少是关于童年和少年时期的回忆的，怀旧之意味浓矣。如果一个人的童年和少年并非浸在苦水里，那么怀旧是愉快的，也是自然而然的事。

我从胜友的散文中也读到了那种愉快。

难得他如此有心，将小时候的游戏也一一写来。比之于今天的孩子们沉迷于电脑游戏，我觉得倒是从前的、生活在大自然怀抱中的孩子们，他们那些简单的、进行在大自然环境里的游戏，似乎更叫作游戏。

一言以蔽之，读了胜友的这些散文，我想，我再回哈尔滨时，当往亚布力一去了——不知现今的亚布力县城以及林区，又是一番怎样的情景……

2009 年 12 月 13 日于北京

巴金的启示

巴金老人在世时，我是见到过他两次的。

第一次是一九七七年五月二十三日，上海举行纪念毛泽东《在延安文艺座谈会上的讲话》的活动。一次规模很大的活动。正式出席的有三百余人，曰“代表”。前一年十月已经粉碎了“四人帮”，而我那一年的九月毕业。我是以复旦大学中文系特约学生“代表”的身份参加的，复旦大学中文系也就分到了那么一个学生“代表”名额。我之所以将“代表”二字括上引号，乃因都非是民主方式选举产生的，而是指定的。

于我，那“代表”的资格是选举的也罢，是指定的也罢，性质上都是没有什么区别的——无非就是一名在校的中文系学生参加了一次有关文艺的纪念活动而已。如今想来，对于当时那三百余位正式“代表”而言，意义非同小可。正因为都是指定的，那体现着粉碎“四人帮”以后的中国政治，对众多文艺界人士的一种重新评估；一种政治作用力的、而非文艺自身能力的、展览式的、集体的亮相。中老年者居多，青年寥寥无几。我在文学组，两位组长是黄宗英老师和茹志鹃老师，我是发言记录员。文学组皆老前辈，连中年人也没有。除了我一个青年，还有一名华东师大的女青年，也是中文系的在校生。

巴金老当年便是文学组的一名“代表”，还有吴强、施蛰存、黄佐临等。我虽从少年时期就喜爱文学，但有些名字对于我是极其陌生的。比如施蛰存，我就闻所未闻。我少年时期不可能接触到他的作品。中华人民共和国成立后，除了某些老图书馆，新建的图书馆包括大多数大学的图书馆里，根本寻找不到他的作品。中华人民共和国成立后，他的作品大约也是没再版过的吧？考虑到学科的需要，复旦大学中文系的阅览室虽然比校图书馆的文学书籍更“全面”一些，虽然我几乎每天都到阅览室去，但三年里既没见过施蛰存的书，也没见过林语堂、梁实秋、胡适、徐志摩、张爱玲、沈从文的书。这毫不奇怪。中华人民共和国成立后，尤其是“文化大革命”中，全国一概的图书馆，是被一遍一遍蓖头发一样蓖过的，他们的书不可能被我这一代人的眼所发现。

然而，巴金老的书当年却是赫然在架的。

如今想来，我觉得巴金老比起他们，那还是特别幸运的。作为作家，他虽然在“文化大革命”时期被“冰冻”了起来，但是他的作品，毕竟还能在一所著名的大学的中文系的阅览室里存在着。

尽管粉碎“四人帮”了，但文学老人们在会上的言语既短少又谨慎。在会间休息，相互之间的交谈那也是心照不宣，以三言两语流露彼此关心的情谊而已。每个人的头上，依然还戴着“文化大革命”中乃至自从中华人民共和国成立后被强加的莫须有的罪名。那是一些依然戴着这样或者那样的罪名却又蒙幸参加纪念活动的“代表”。

由于我几乎读过巴金老那时为止的全部作品，对他自然是崇敬的。上楼下楼时，每搀扶着他。用餐时，也乐于给前辈们添饭，盛汤，但是我没和他交谈过。心中是想问他许多关于文学的问题的，但又一想他当时肯定难以坦率回答一个陌生的文学青年的问题，于是不忍强前辈所难……

第二次见到巴金老，是在上海，在他的家里。已忘记了我到上海参加什么活动。八九人同行，又是我最年轻。内中还有当时作协的领导，所以我一言未发，只不过从旁默默注视他。也可以说是欣赏一位文学老人。那一年似乎是一九八五年。他已在一年前的第四届作代会上被选为中国作协主席。

那一次他给我留下的印象用两个字就可以概括——慈祥。

后来巴金老出版的几本思想随笔，我也是很认真地读过的。

对于我个人，他那一种虔诚的忏悔意识和要求自己以后说真话的原则，给我留下深刻印象。于今，前一种印象越来越淡薄了，后一种印象更加深刻了。依我想来，当政治的巨大脚掌悬在某些人头上，随时准备狠狠踩踏下去的时候，无论那些人是知识分子抑或不是，由于懦弱说了些违心的话——那实在是置身度外的人应该予以理解和原谅的。后来人说前朝事也罢，在安全的方位抱臂旁观也罢。尤其那违心话的性质仅仅关乎自己对自己的评价的时候，并没有同时牵连别人安危的时候。巴金老人在“文化大革命”中所说某些违心话，便是如上的一些话而已。他当选中国作协主席以后，对自己所做的反思和忏悔，自然是极可爱极可敬的，也完全值得我们后辈尤其是后辈知识分子学习。但若将中国发生“文化大革命”那样的事情与中国知识分子应该集体的怎样居然没有集体的怎样直接联系起来进行评判，则我认为是很小儿科的评判。巴金老人自己并没用他的文字发表过以上的联系。但以上言论“文化大革命”后一直是有的。它的小儿科的性质乃至于——忽略了相对于政治的巨大脚掌，一个或一些被剥夺了话语权的知识分子，几乎便渺小得形同蝼蚁这样一个事实。我以为正确的评判的立场也许恰恰相反，首选应该受到谴责的是那一只巨大的脚掌。它不该那么不道德，它怎么又偏可以那么不道德地肆无忌惮呢？这一定有它自身的规律。将思想的方向一味引向对知识分子的分析，恰恰会使真正值得深入分析并大声说出分析结果的现象，于是获得赎免。在中国知识分子不知怎么一下子热衷于分析知识分子自身的过剩的思想泡沫中，我以为真正值得深入分析的现象，在中国还一直并没有被分析得多么深入。也可以说，实际上几乎等于获得了赎免。

以我的耳听来，违心的话，热衷于而渐成习惯的假话、套话、照本宣科的毫无个人态度的话，总之，等等令人听了心里恼火大皱其眉的高调门儿的话，委实还是太多了！

巴金老人自己并不好为人师。他从未摆出诲人不倦的面孔，以知识分子导师的话语和文章来“告诫”要求中国知识分子“应该”说真话。所以我将“应该”括上引号，也将“告诫”括上引号。巴金老人只不过通过解剖分析和批判自己以身作则。

而依我的眼看，他的以身作则是起到了一定影响作用的。而依我的耳听，假话虽仍此起彼伏不绝于耳，但是真正发自中国知识分子之口的假话，确乎比以往任何年代都少了。中国知识分子已找回了一点儿说假话应该感到的羞耻。尽量说真话；难以坦陈真言之时便不说话；尽量避免说假话、套话；以不进谄言不说媚语为底线……是的，我以为大多数知识分子，对于自己话语是逐渐具有一种较为自尊自重的原则态度了。假话现象，分明已像云朵一样，随风积聚到另外的平台上去了。恕我直言——官场上的假话目前最多，坏影响也最大。出于知识分子之口的假话现象固然是少了，但并不意味着人们同时从知识分子口中听到的真话于是多了。依我的眼看来，依我的耳听来，仅仅说格外保险的“知识”话语的知识分子多了。知识分子总是不甘寂寞的。既为知识分子，干脆只言说“知识”，确乎明哲保身，于是蔚然成风。这是一种仅仅飘浮在关于中国知识分子的话语品质的底线之上的现象。这不是一个高标准。但相比于从前的年代，总归也还算是一种进步。有底线毕竟比完全没有好。然而依我的眼看来，依我的耳听来，民众对于中国知识分子的期望，是越来越变成失望了。民众对知识分子的要求显然比知识分子目前对自身的要求高不少。民众企盼知识分子能如古代的“士”一般，多一些社会担当的道义和责任。我们太有负于民众了。我自己从青年时期便幻想为“士”，然而我自己的知识分子原则，也早已从理想主义的高处，年复一年的，徐徐降下在底线的边缘了。

于是每联想到冰心老人生前写过的一篇短文——《无士当如何?》。

有时我甚至想——也许中国人对中国知识分子（这里主要指的是文化知识分子）的社会定位太过中国特色也太过超现实主义了吧?也许“士”的时代只适合于古代吧?正如“侠”的时代和骑士的时代，只能成为人类的历史?

但已降在文化知识分子人格底线边缘的我，对于自己说假话还是不能不感到耻辱；倘听到我的同类说假话还是不能不感到嫌恶。真话不一定总是见解正确的话。不是“二百五”的人也一定应该明白——对于许多事情，正确的话那肯定不会仅仅发自一个社会发言的立场。有时发自于两个截然不同甚至对立的立场的社会发言，往往各有各的正确性。而假话，却肯定是粘带着千般百种的私利和私欲的话。故假话里产生不了任何有益于社会公利的意义。即使不正确的真话，也将一再证明着人说真话的一种极正当的极符合人性的权利。

什么时候，假话终于没了大行其道八面玲珑的市场；或即使不正确的真话，也不再是一种罪过——那时，只有那时，真话里才能产生真正的思想力。

用不说假话的原则来凸显出假话的丑陋；在这个底线前提下，我相信，中国文化知识分子的担当道义，总有一天会成为一种令民众满意的角色特征。

关于金钱与人生的话题
——答湘乡市树人中学的学生朋友们

1. 金钱本身自然非是什么肮脏邪狞之物。即使在显微镜下观察，钞票上的细菌，并不比被公阅过的一张报上的细菌更多些。它只不过是交换商品的替代物。古时候人们也以贝壳、兽牙以及美丽的卵石为“币”——可见钱本身与那些东西没有什么不同的属性。

2. 人类增加，资源有限，商品有限，所以钱才值钱起来。它是目前最方便地交换商品及购得物质的东西。消灭了它，我们将更加不方便。我的理解——要毁掉钞票的人，其实是想改变人类社会目前金钱分配方面的种种不合理现象。这想法本身无错。因不合理现象确实存在。但这又不是现实的想法，因为“毁掉钞票”并不能根除物质占有的不合理现象。

3. 应该看到，全人类多少个世纪以来，都在进行着怎样使金钱分配合理性起来的努力，包括“革命”方式。并且，在许多国家，已经初见成效。“革命”的方式一般已被否定。因为人类的制度进步了，会找到比“革命”更好的方式。当然，合理性也是相对的。

4. 人类的发展，再不会以消灭富人为社会道义平衡的尺度，而应致力于消除贫困，扶持穷人。最终，使几乎一切人，都享受到物质文明的成果。如果不求一律平均，完全平均，这个目标，是可以实现的。

5. 中国正在经济发展中。一个时期商业规划混乱，出现了暴发户及穷富悬殊。这现象被同学们看在眼里，故产生愤愤不平。这是完全可以理解的，也是不应受指责的。但又应看到，中国正在逐步实现法制化。有些人不是已说——如今发财不如前几年那么容易了吗？这就是社会进步了。

一个成熟的商业社会是这样的——有人想挣大笔大笔的钱并不容易，而大多数人要想挣足够花的钱，又不那么难。这是人类的一个理想阶段。同学们也许看到太多刚好相反的现象了。但这现象，正在被想方设法地改变着。

又，富有阶层，在将来，也还是会存在着的。但，如果大多数人都过上了较体面的中产水平生活，谁还成天巴望当富豪呢？因为富豪在商业中保持其地位，也是需使出浑身解数的，也是很累的。并且，在一个成熟的商业社会，富豪们的金钱，不可能不汇入社会的商业大活动，成为变相的公有。比如香港巨富李嘉诚、霍英东们。他们拥有的金钱，早已超出了他们个人的消费，起积极作用于香港全社会了。

6. 世界上有许多大企业家，其个人生活是俭朴的。他们拥有的金钱，在社会各方面发挥积极的作用，自己享用却并不奢侈。他们是可敬的，是当代英雄。

7. 只不过中国的某些暴发户，一旦暴发就穷奢极欲，这是丑恶。要看到他们成为文明的资产者，需要时间啊！

我们只能一方面以社会伦理限制他们，另一方面耐心地给他们自己文明起来的时间……

至于每一个个人对金钱的态度，我认为——花天酒地其实是很没有意思的。试想，一个人那么生活一周，可以，那么生活一年呢？那么生活十年呢？在最好的年华那么生活十年呢？那真的是幸福吗？生命耗于那么一种生活，真的是值得吗？

这么一想，我们便有了自己对金钱的原则性态度：①我们看别人花天酒地，我们会厌恶。②我们自己清贫时，由于我们本能地厌恶花天酒地的生活，则我们会珍惜我们挣得的每一分钱。因我们自己挣的金钱，因我们拒奢靡堕落，我们不但保持了良好的人生精神状态，还能渐渐有点儿积蓄。③我们积蓄多了，用于有限度地改善生活，赡养好老人，抚养好子女，使钱在我们身上体现最美好的价值。④最后一点，应明白，我们只需使我们生活无忧无虑的钱就够了。不要太贪多，太羡多。单从个人消费而言，给一个中国人，一个已养成俭朴生活习惯的人一千万，他又去干什么呢？买别墅一百万足够了，买车再用一百万，剩下的呢？花天酒地去吗？我前边已说了，那是顶没意思的活法……

既生为百姓（我也是百姓一员），就要热爱百姓生活！

问题是，几乎仅仅是——现在，中国，许许多多的百姓生活还太穷。穷则思变，一方面靠百姓自己的勤劳，另一方面，甚至主要方面靠国家。给祖国一点儿时间，要相信会慢慢解决好的。

那时，如果一个丰衣足食、生活无忧无虑了的中国人还那么不择手段地追求金钱，则就是拜金主义者了！……

拾遗补阙亦可欣

依然写着，也依然用笔写着。笔竟如我的另一种“烟”，可不嘛，“如烟”也。写作也似我心中的另一种“毒”——文字尼古丁。

我是那种越写自信越少的笔耕者。

正因为对自己越来越不满意，反而越来越勤奋。不是企图由数量来说明什么，而是自认为领悟了这样的写作道理——写作与书法是差不了太多的，对自己不满意那就得常动笔。

然确乎的，许久未写短篇小说了。散文、随笔、杂文之类，倒是不曾也荒弃了。还在大学任教，精力和时间每被分散，心有余力不足也。

我写的散文，一半左右具有小说的情节特征，人、事亦有虚构成分；但情感、情愫是发乎真心的。我每将一篇三千余字的散文写得有些像短小说，是刻意为之的。觉得散文也未必一味只写一己的人生感受，写他者的人生之事他者的命况，通过情节表达自己对他者的关注，也完全可以是一家主张。然我只对我的学生这么主张过而已，从未果然当成主张来宣称。对于写作者，自己认为怎样写适于自己，便那么去默默耕耘便是了……

如此说来，我虽许久未写短篇小说了，但笔下所写，却也经常与情节发生着关系，也就是与一般小说的元素之一发生着关系。

《回家》在很大程度上，是因了杨晓升主编的多次动员，才于顾此失彼的俗忙之境中完成的。

依我的眼看来，我们中国人的当下生活，暖意渐少。并且，分明的，继续少着似的。发生在上海的交管部门的“钓鱼”事件，亦然令人惊诧而后生出大的嫌恶，直想用“卑鄙”形容之。刚刚又发生在湖北的“捞尸”丑闻，则简直恨得我咬牙切齿了！我们的大学生孩子本已死得善良又不幸，死后却还要受那般的凌辱，而且所为是我们中国人自己！对于三个孩子，是父兄辈！

于是倍感现实的冷、冷、冷，直冷到骨缝里去的那一种冷。故我每思，面对如此冷感的现实，我的笔能做些什么呢？若论抨击与怒斥，网上的正义之声，比我做得更及时，且更有声讨力。我不上网，虽很关注，终究不过是一个默默关注且独自生气的人罢了。若论揭示人性之丑恶，我自忖，自己远比不上同行们的犀利与深刻。还能做些什么？还能做些什么啊！我认为自己总该有责任做点儿什么。于是便想到了善和温暖。我一直认为，我们中国之当代文化，在播撒善的种子和向现实注入温暖方面，尚有缺遗之处。那么，便让我来拾遗补阙吧。这是不怎样高难之事，故无须一等之才华。说到才华，我大约也只比三流多一点儿，刚沾着三流的边儿吧。所以，我来做点儿能力尚及之事吧。基于以上思想，便有了《回家》这一短篇。现实固然很冷，有时简直邪恶四伏，每使寡助的弱者们活得惴惴不安。却也得承认，善良并未在同胞的内心彻底死灭，偶一发光，还是足以温暖人心温暖人世的。

我写此类小说，有意求其质朴，再质朴。因为，此类小说，毕竟不是我“为文学而文学”的作品。我倒是希望，很底层很底层的人们中，竟也有意外地看到了的。

那将是我之幸运。在底层，现实往往更冷，也更需要人对人的几许善意……

2009 年 11 月 20 日

正确与善良

《奇迹男孩》是一部美国的儿童电影，据说在彼国口碑不错，在咱们中国票房也还过得去——过得去的意思就是并没被中国的电影观众完全忽视。

故事讲一个当下的白人中产阶级家庭的男孩命运不好，出生后动了多次手术，破相了。不是特别严重的破相，却足以使人一见之下瞠目结舌。他的身体也似乎停止了发育，使他比同龄的孩子们矮半头。所幸他的爸爸妈妈姐姐都很爱护他，还有一个忠实的朋友——他家的狗。相对于不幸的更大的幸运是，他的心智非但没受损伤，而且十分聪明。五年级以前他的知识启蒙老师是他母亲，他母亲是名校的理科大学毕业生，一对一的教学，保证了他所学到的知识比一般在校小学生还要领先一些。至于德育，电影中没怎么表现，想来是以善为核心的，因为他的父母分明都是善良人。电影中有两个细节给我留下深刻印象——他母亲抱着狗去看病时，那样子如同抱着自己一个重病的孩子；夜里，他父亲独自坐在餐厅，因狗的死去而无声哭泣。我一向认为，若一个家庭的人因他们的猫狗的死而全体陷入悲伤，那么这个家庭是别人可以放心与之交往的。

男孩必须入学了。否则，他会渐渐脱离社会的。父母和姐姐都不愿他将来成为那样的人，他自己也不愿意。

于是他成了小学五年级生。

于是引出了他与老师和同学们的非常态的关系：因他的出现也发生了同学们之间关系的改变，发生了校长与富家孩子的家长之间的矛盾。

总之，在学校，那孩子成了一个麻烦制造者，面临着如何与他人相处的考验和学习。

我看此电影时，几次联想到了张澜先生早年对他的学生们提出的“四勉一诫”——“人不可以不自尊，人不可以不自爱，人不可以不自强，人不可以不自立；人断不可以自欺。”——电影告诉我们，那孩子每每面临如上“成长的烦恼”，并且日渐有所领悟。

电影除了呈现一个富家孩子对小主人公的人格侵犯及其家长的自以为是；加入了高年级孩子欺辱低年级孩子的情节；主要人物大抵是正面的、善良的、可亲可爱的。对于老校长的塑造不但可亲可爱，还极可敬，人物本身诠释了“教育是诗性的事业”这一思想。

那么，显然，《奇迹男孩》是一部教化性不言而喻的儿童电影。尽管已经明智地寓教于乐了，但教化意图还是十分突出。

实际上，欧美国家一直在拍此类面向儿童和少年的电影，就我所看到的而言，此片的教化意图最为突出。

编导为了突出教化意图，可谓用心良苦——他们将男孩置于那么一个关系和谐、温馨的中产阶级家庭，目的无非就是摈除那样一个男孩存在于某家庭，必将对某家庭造成的经济生活方面的种种压力；而使电影的内容能更集中于儿童的心灵成长历程。

该片是一部较新的美国电影。

而我头脑中也就产生了一种困惑——投资方考虑市场效益了吗？编导们考虑院线接受与否了吗？

以一个中国人的投资理念来看，假定投资人就是我自己——我的态度都可能会是：不错，社会需要这样的电影，但，还是让别人去投资吧！

假定我是编剧——不，我不可能创作这样的剧本。我认为，全中国也不可能有谁创作出这样的剧本。不是说它的水平有多高，它的水平也就一般般。我的意思是，若同样的故事由中国编剧来讲，大抵会着力表现因为那样一个男孩的存在，给家庭造成的困扰有多么严重。在中国，这是必然的。那么，故事可能还会朝着这样的方向发展——整容需要一大笔钱，可父母也拿不出来呀，于是有人献爱心。哇，整容后的男孩的脸，变得多么俊朗而且阳光灿烂啊！

假如我是导演，我很可能会对剧本大为不满：这算什么玩意儿？太不接地气了！教化性那么突出，矫情过头了吧？加！现在是娱乐时代明白不？将娱乐元素多多地往里加，为了票房，能加多少加多少！……

假如我是家长，我也许会这么想——《奇迹男孩》？应该抽时间带孩子看看，说不定能教我一些如何将自己的孩子培养成奇迹孩子的窍门。我做梦都希望那样的事早点发生在我的孩子身上啊！我的孩子若能从中接受一点儿如何使奇迹发生在自己身上的励志影响也好啊！……

我想，这样的家长，看了大抵会很失望的。或许，还没看明白——就那么一个男孩，究竟奇迹在哪儿了？不就得了一次学年优秀学生奖吗？凭那奖升重点中学优先吗？如果不，有什么实际意义？还不抵特长生！

另有一些家长，听了前类家长的说法，便不打算带着孩子去看了。

“文化自信”四个字，我耳朵都快听出茧子了！就那么一部教化性极为突出的儿童电影，居然有人真诚地创作，有人甘愿投资，有人内心毫不打鼓地拍出来——此种文化自信，在美国人身上体现的，是不如我们呢，还是比我们强？

他们并没有“文化自信”这一口号，他们的自信怎么来的呢？

而且，在他们那儿，家长们还接受，孩子们还喜欢，全社会还拥护，评论界也给予好评；这种文化氛围，又是怎么形成的呢？

电影中有一句台词，我觉得回答了我的困惑。

那句台词由一个黑人女孩口中说出。

她说的是：“在正确与善良之间，请选择善良。”

诚实地讲，连这一句台词，我都感觉出现得唐突、生硬，不似小学五年级女生的话。

但是，谁知道呢？也许彼国的小学五年级生说出这样的话，在彼国一点儿也不奇怪？

那么，答案更明确了——在彼国，所谓“正确”原则也像在中国，在全世界各国一样，可谓比比皆是。每个人几乎每天都生活在此类原则的提醒和暗示之下。但，不论大人还是孩子，他们又似乎都非常清楚——排除战场情况和面对极端恐怖分子的情况，善良在那一切“正确”原则之上。

所以，唯恐他们的孩子违背此点，他们从不放松对孩子的善良教育，其中包括如何对待友谊。任何面向孩子的文艺作品，只要秉持了此点，即使如《奇迹男孩》般教化性突出，彼国的文化氛围也会予以支持。彼国的文艺在此方面所体现的自觉，远比中国之当下文艺更有责任感——很久以前的中国，在对儿童和少年进行善的教育方面，也是特别重视那一种自觉性和责任感的。

后来，我们都知道的，改弦易辙了。

而在当下之中国，所谓“正确”的原则，每使从孩子到大人经常无所适从。

在我们这儿，“正确”之上还是“正确”。“正确”的分子永远大于善良的分母，一向十倍百倍地大于着，结果分数值便永远是“正确”，善良的分母几乎变得可有可无。而在彼国（包括欧洲，也可以说特别是欧洲），善良才是人性社会价值观的分子，它必须永远大于所谓“正确”的分母，以确保分数值永远是善良。“正确”的分母的意义只不过在于，它若能被兼顾，那么一定要被兼顾。

二十年前，中国曾有另一口号，曰:“效益第一，兼顾公平。”

在现实中有时难免会那样，但作为一个泱泱大国的国家口号提出，其发展方向是可怕的，其效益往往是不光彩的。

现在的中国，对人对事方面，终究还是人文了一些。体现于现实之中，也不过就是一种“正确第一，兼顾善良”的理念。此种理念，深入人心，从小就被植入孩子们的头脑。

回顾人类社会的进化过程，其实根本的方向即是人性向善的方向。在这一过程，人类不断地消弭“正确”与善良每每相对立的现象，为了最终达到这样的关系——“正确”的原则，首先必须符合善良的宗旨。

如果不是这样看问题，那么人类社会现有的一切创造成果便不值一提，只不过是些玩闹现象而已，与聪明的猴子用石块击开坚果的壳没什么本质不同。

中国古代最先觉醒到此点并提出主张的自然是孔孟。他们的“己所不欲，勿施于人”，“老吾老，以及人之老；幼吾幼，以及人之幼”，具有人性先知的思想水平。后来的文人，借刘备之口，将其提升到“勿以恶小而为之，勿以善小而不为”的高度。但，刘备本身作为三军统帅，战事爆发之时，亦并不能以善恶意识来决策大局。正如美国人当年往日本的广岛和长崎投下的两颗原子弹，正确与否至今争论不休。

在《悲惨世界》中，沙威从高塔上失足身落，冉·阿让及时伸出一只手，救了沙威的命。对此情节，全世界一直以来都是赞同的。不但赞同，后来的电影电视剧中，还不断对那一经典情节进行复制。

在《九三年》中，雨果将他的善良思想推向了极端——他命笔下的巴黎守备军总司令郭文，在未经审判的情况下释放了残酷镇压公社起义的敌军司令朗特纳克。郭文的理由是：我不能绞死一个刚刚救了几名流浪儿童和他们的父母的人，为此他甘愿自己上断头台。

善则善矣，但他的做法正确吗？

雨果能担保朗特纳克不会重整大军，更血腥地镇压起义民众吗？对于“公社的人”，他此前可是罪行累累，大开杀戒的，连老人、妇女和孩子也不放过。

《九三年》出版后，亦成异议多多的作品。同样，对于“二战”要犯，即使某人确也有过小善表现，那也不能对他们就行“大善”的豁免——全世界绝大多数人都是如此认为的。

因而我们清楚了这样一点，在人类的社会还无法清除恶现象之前，善的原则确实也不能滥施。而成年人，在非常态情况下，往往也只得遵循普遍的正确原则，同时兼顾善良亦即人道理念。

正确的做法肯定同时也是善良的做法。

凡那不善良的做法，不管打着什么旗号，不管当时多么的正确，后来还是会被证明不正确，甚至成罪。

而此类某时似乎正确，后来被证明不正确甚至成罪的现象，在今后的一百年二百年内，估计仍会发生。

排除人与治安条例、消防条例、交通条例、出入境条例以及各种社会公共秩序条例和法律条例，相对于儿童和少年的教化而言，我比较能接受《奇迹男孩》所传播的思想——“在正确与善良之间，请选择善良”。

因为在孩子们所处的社会范围内，正确与善良之间，一般不会像成人的社会那么对立，那么复杂，那么难以委决。

而看重善良的孩子多了，意味着将来的中国，在正确与善良之间能兼顾善良的大人也会多起来，而不是以坚持冷冰冰的“正确”为己任的大人比比皆是。

那么，正确也就不再是到处显得冷冰冰的正确，唯上峰马首是瞻的正确了。

正确具有了人间温度才更正确。

逐渐，在正确与善良之间，对立现象必将少了，人处理起两者关系时，纠结也会少了。

种子的力量

当然，种子在未接触到土壤的时候，是没有任何力量可言的。尤其，种子仅仅是一粒或几粒的时候，简直那么渺小，那么微不足道，那么不起眼，谁会对一粒或几粒种子的有无当回事呢？

我们吃的粮食，诸如大米、小米、苞谷、高粱……皆属农作物的种子；桃和杏的核儿，是果树的种子；柳树的种子裹在柳絮里，榆树的种子夹在榆钱儿里；榛树的种子就是我们吃的榛子，松树的种子就是我们吃的松子……都是常识。

据说，地球上的动物，包括人和家畜家禽类在内，哺乳类大约四五千种之多；仅蛇的种类就在两千种以上；鸟类一万五千余种；鱼类三百种以上。虫类是生物中最多的。草虫之类的原生虫类一万五千余种；毛虫之类四千余种；章鱼、墨鱼、文蛤等软体动物近十万种；虾和螃蟹等甲壳类节肢动物估计两万种左右；而我们常见的蜘蛛竟也有三万余种；蝴蝶的种类同样惊人的多……

那么植物究竟有多少种呢？分纲别类的一统计，想必其数字之大，也是足以令我们咂舌的吧？想必，有多少类植物，就应该有多少类植物的种子吧？

而我见过，并且能说出的种子，才二十几种，比我能连绰号说出的《水浒》人物还少半数。

像许多人一样，我对种子发生兴趣，首先由于它们的奇妙。比如蒲公英的种子居然能乘“伞”飞行；比如某些植物的种子带刺，是为了免得被鸟儿吃光，使种类的延续受到影响；而某类披绒的种子，又是为了容易随风飘到更远处，占据新的“领地”……关于种子的许多奇妙特点，听植物学家们细细道来，肯定是非常有趣的。

我对种子发生兴趣的第二方面，是它们顽强的生命力。它们怎么就那么善于生存呢？被鸟啄食下去了，被食草类动物吞食下去了，经过鸟兽的消化系统，随粪排出，相当一部分种子，居然仍是种子。只要落地，只要与土壤接触，只要是在春季，它们就“抓住机遇”，克服种种条件的恶劣性，生长为这样或那样的植物。有时错过了春季，它们也不沮丧，也不自暴自弃，而是本能地加快生长速度，争取到了秋季的时候，和别的许多种子一样，完成由一粒种子变成一棵植物进而结出更多种子的“使命”。请想想吧，黄山那棵“知名度”极高的“迎客松”，已经在崖畔生长了多少年了啊！当初，一粒松子怎么就落在那么险峻的地方了呢？自从它也能够结松子以后，黄山内又有多少松树会是它的“后代”呢？飞鸟会把它结下的松子最远衔到了何处呢？

我家附近有小园林。前几天散步，偶然发现有一蔓豆角秧，像牵牛花似的缠在一棵松树上。秧蔓和叶子是完全地枯干了。我驻足数了数，共结了七枚豆角。豆荚儿也枯干了。捏了捏，荚儿里的豆子，居然相当的饱满。在晚秋黄昏时分的阳光下，豆角静止地垂悬着，仿佛在企盼着人去摘。

在几十棵一片松林中，怎么竟会有这一蔓豆角秧完成了生长呢？

哦，倏忽间我想明白了——春季，在松林前边的几处地方，有农妇摆摊卖过粮豆……

为了验证我的联想，我摘下一枚豆角，剥开枯干的荚儿，果然有几颗带纹理的豆子呈现于我掌上。非是菜豆，正是粮豆啊！它们的纹理清晰而美观，使它们看去如一颗颗带纹理的玉石。

那些农妇中有谁会想到，春季里掉落在她摊床附近的一颗粮豆，在这儿会度过了由种子到植物的整整一生呢？是风将它吹刮来的？是鸟儿将它衔来的？是人的鞋在雨天将它和泥土一起带过来的？每一种可能都是前提。但前提的前提，乃因它毕竟是将会长成植物的种子啊！……

我将七枚豆荚都剥开了，将一把玉石般的豆子用手绢包好，揣入衣兜。我决定将它们带回交给传达室的朱师傅，请他在来年的春季，种于我们宿舍楼前的绿化地中。既是饱满的种子，为什么不给它们一种更加良好的，确保它们能生长为植物的条件呢？

大约是一九八四年，我们十几位作家在北戴河开笔会。集体散步时，有人突然指着叫道："瞧，那是一株什么植物呀？"——但见在一片蒿草中，有一株别样的植物，结下了几十颗红艳艳的圆溜溜的小豆子。红得是那么抢眼，那么赏心悦目。红得真真爱煞人啊！

内中有南方作家走近细看片刻，断定地说："是红豆！"

于是有诗人诗兴大发，吟"红豆生南国，春来发几枝"之句。

南方的相思红豆，怎么会生长到北戴河来了呢？而且，孤单单的仅仅一株，还生长于一片蒿草之间。显然，不是人栽种的。也不太可能是什么鸟儿衔着由南方飞至北方带来并且自空中丢下的吧？

年龄虽长，创作思维却最为活跃浪漫的天津作家林希兄，以充满遐想意味的目光望那艳艳的红豆良久，遂低头自语，"真想为此株相思植物，写一篇纯情小说呢！"

众人皆促他立刻进入构思状态。

有一作家朋友欲采摘之，林希兄阻曰：不可。曰：愿君勿采撷，留作相思种。数年后，也许此处竟结结落落地生长出一片红豆，供人经过时驻足观赏，岂非北戴河又一道风景？

于是一同离开。林希兄边行边想，断断续续地虚构一则缠绵悱恻的爱情故事，直听得我等一行人肃静无声。可惜十几年后的今天，我已记不起来了，不能复述于此。亦不知他其后究竟写没写成一篇小说发表……

我是知青时，曾见过最为奇异的由种子变成树木的事。某年扑灭山火后，我们一些知青徒步返连。正行间，一名知青指着一棵老松嚷："怎么会那样！怎么会那样！"——众人驻足看时，见一株枯死了的老松的秃枝，遒劲地托举着一个圆桌面大的巢，显然是鹰巢无疑。那老松生长在山崖上，那鹰巢中，居然生长着一株柳树，树干碗口般粗，三米余高。如发的柳丝，繁茂倒垂，形成帷盖，罩着鹰巢。想那巢中即或有些微土壤，又怎么能维持一棵碗口般粗的柳树的根的巩扎呢？众人再细看时，却见那柳树的根是裸露的——粗粗细细地从巢中破围而出，似数不清的指，牢牢抓住着巢的四周。并且，延长下来，盘绕着枯死了的老松的干。柳树裸露的根，将柳树本身，将鹰巢，将老松，三位一体紧紧编结在一起。使那巢看去非常的安全，不怕风吹雨打……

一粒种子，怎么会到鹰巢里去了呢？又怎么居然会长成碗口般粗的柳树呢？种子在巢中变成一棵嫩树苗后，老鹰和雏鹰，怎么竟没啄断它呢？

种子，它在大自然中创造了多么不可思议的现象啊！

我领教种子的力量，就是这以后的几件事。

第一件事是——大宿舍内的砖地，中央隆了起来，且在夏季里越隆越高。一天，我这名知青班长动员说："咱们把砖全都扒起，将砖下的地铲平后再铺上吧！"于是说干就干，砖扒起后发现，砖下嫩嫩的密密的，是生长着的麦芽！原来这老房子成为宿舍前，曾是麦种仓库。落在地上的种子，未被清扫便铺上了砖。对于每年收获几十万斤近百万斤麦子的人们，屋地的一层麦粒，谁会格外在惜呢？而正是那一层小小的、不起眼的麦种，不但在砖下发芽生长，而且将我们天天踩在上面的砖一块块顶得高高隆起，比周围的砖高出半尺左右……

第二件事是——有位老职工回原籍探家，请我住到他家替他看家。那是在春季，刚下过几场雨。他家灶间漏雨，雨滴顺墙淌入了一口粗糙的木箱里。我知那木箱里只不过装了满满一箱喂鸡喂猪的麦子，殊不在意。十几天后的深夜，一声闷响，如土地雷爆炸，将我从梦中惊醒。骇然地奔入灶间，但见那木箱被鼓散了几块板，箱盖也被鼓开，压在箱盖上的腌咸菜用的几块压缸石滚落地上，膨胀并且发出了长芽的麦子泻出箱外，在地上铺了厚厚一层……

于是我始信老人们的经验说法——谁如果打算生一缸豆芽，其实只泡半缸豆子足矣。万勿盖了缸盖，并在盖上压石头。谁如果不信这经验，膨胀的豆子鼓裂谁家的缸，就是必然的。

我们兵团大面积耕种的经验是——种子入土，三天内须用拖拉机拉着石磙碾一遍，叫“镇压”。未经“镇压”的麦种，长势不旺。

人心也可视为一片土。

因而有词叫“心地”，或“心田”。

在这样那样的情况下，有这样那样的种子，或由我们自己，或由别人们，一粒粒播下在我们的“心地”里了。可能是不经意间播下的，也可能是在我们自己非常清楚非常明白的情况下播下的。那种子可能是爱，也可能是恨；可能是善良的，也可能是憎恨的，甚至可能是邪恶的。比如强烈的贪婪和嫉妒，比如极端的自私和可怕的报复的种子……

播在“心地”里的一切的种子，皆会发芽，生长。它们的生长皆会形成一种力量。那力量必如麦种隆起铺地砖一样，使我们“心地”不平。甚至，会像发芽的麦种鼓破木箱，发芽的豆子鼓裂缸体一样，使人心遭到破坏。当然，这是指那些丑恶的甚至邪恶的种子。对于这样一些种子，“镇压”往往适得其反。因为它们一向比良好的种子在人心里长势更旺。自我“镇压”等于促长。某人表面看去并不恶，突然一日做下很恶的事，使我们闻听了呆如木鸡，往往便是由于自以为“镇压”得法，其实欺人欺己。

唯一行之有效的措施是，时时对于丑恶的邪恶的种子怀有恐惧之心。因为人当明白，丑陋的邪恶的种子一旦入了“心地”，而不及时从“心地”间掘除了，对于人心构成的危险是如癌细胞一样的。

首先是，人自己不要往“心地”里种下坏的种子；其次是，别人如果将一粒坏的种播在我们心里了，那我们就得赶紧操起我们理性的锄子……

“人之性如水焉，置之圆则圆，置之方则方”——古人在理之言也。

人类测试出了真空的力量。

人类也测试出了蒸气的动力。

并且，两种力都被人类所利用着。

可是，有谁测试过小小的种子生长的力量么？

什么样的一架显微镜，才能最真实地摄下好的种子或坏的种子在我们“心地”间生长的速度与过程呢？

没有之前，唯靠我们自己理性的显微倍数去发现……